Het paard dat twee benen *brak*

& overleefde

Een transformatief waargebeurd verhaal van trauma naar vrijheid

Zoë Coade

vertaald uit het Engels door
Anouk Telkamp

Auteursrechten © 2017 Zoë Coade
Originele titel: The horse that *broke* two legs & *survived* © 2016

Alle rechten voorbehouden. Niets uit deze uitgave mag worden verveelvoudigd, opgeslagen in een geautomatiseerd gegevensbestand en/of openbaar gemaakt door middel van druk, fotokopie, microfilm of op wat voor wijze dan ook, zonder voorafgaande schriftelijke toestemming van de auteur en de uitgever.

Gepubliceerd door
Zoë Coade
Nederland

www.thehorsethatbroketwolegs.com
www.facebook.com/thehorsethatbroketwolegs

© Vormgeving omslag Zoë Coade
Omslag gedigitaliseerd door atelier moreno
Foto Michiel Boer

Eerste editie, herdruk November 2017
Gedrukt in Nederland

ISBN 978-90-826145-2-7 (Nederlands)
ISBN 978-90-826145-3-4 (Duits)
ISBN 978-90-826145-0-3 (Engels)
ISBN 978-90-826145-1-0 (e-Book)

Zie ook de bij dit boek behorende website en sociale media pagina voor foto's, video's en het laatste nieuws:

www.thehorsethatbroketwolegs.com
www.facebook.com/thehorsethatbroketwolegs

DANKWOORD

Aan iedereen die oprecht meeleefde, ons steunde, liefde gaf, met ons lachte en huilde toen het licht aan het einde van de tunnel minder werd, tot de dag dat het weer helder scheen en aan een ieder die ons leven op wat voor manier dan ook heeft geraakt. We zijn bevoorrecht om te kunnen zeggen dat jullie met zovelen zijn. Ik wist niet dat er zoveel vriendelijkheid bestond, zowel gedurende als na haar ongeluk, in willekeurige volgorde:

Eerste drie maanden verzorgers: Gemma Avezaat, Geert Blijham, Anneke van Brakel, Mariska Romkes, Liesbeth Hoogkamer, Micha Henker, Hanneke Vosse, Jolanda Nachtegeller, Jacqueline Lentz, Galina van Lieshout-Peeters, Annette Flottmann-Nilsson, Diana Luyten, Annette vd Berg, Kika de Leon, Cassie Tooms en iedereen die langskwam om ons te begroeten
Lange termijn revalidatie huis: Marieke Molenaar en Eddy Modde
Lange termijn revalidatie beschermengel: Marieke van den Worm
Paardenarts: Hans Coster en alle medewerkers van de Paardendokters
Paarden dieet advies: Rene Wielens
Hoefverzorging en dieet advies: Annette Nielsen
Hoefsmid en speciaal beslag: Kees van Bijnen
Lange termijn revalidatie hoefverzorging: Petra van Langevelde
Osteopathie nazorg: Annemarijn Laan
Massage therapie nazorg: Marieke Looysen
Paardentandarts: Marielle Heuvelman
Huidige verzorgers/bijrijders: Amber Schoonderwoerd, Galina van Lieshout-Peeters en Dieuwertje Rutten
Huidige vakantie verzorgers: Mirjam Spitzers, Anouk Boer, Claire Visser, Katinka Postma, Lonneke Rutten, Amber Schoonderwoerd, Galina van Lieshout-Peeters, Mirjam van Eck, Saskia van den Bergh-Sadilek, Dieuwertje Rutten en Helen Jones

Huidige staleigenaar: Rutger van der Peet
Website ondersteuning: Werner Reuser
Mijn mentoren: Silke Vallentin, Kristi Smith, Michael Wanzenried, Joyce Mulder, Romi Eikendal, Therese Chouchene en Greetje Hackvoort.
Levenscoach en beste vriendin: Carrie Neeves
Adviseur en vriendin: Amanda Watkins
Last minute.com inspiratie: Angie C. Baily en Chris Wood
Proeflezers: Amber Schoonderwoerd, Jort van Kruiningen, Mirjam Spitzers en Michiel Boer
Vertaler: Anouk Boer-Telkamp

OPGEDRAGEN AAN

Mijn ouders Brenda en Mike en mijn broer Michael, die mij de kans gaven om van jongs af aan in de buurt van paarden te zijn. Mijn liefde voor paarden wordt door niemand beter begrepen. Dank jullie en ik hou van jullie.

Mijn peetdochter Millicent Kay Cox, moge jij en je broer Alexander sterk, onafhankelijk en wie je maar wilt zijn, worden. Wees altijd geïnspireerd.

Mijn vrienden die vaak in mijn gedachten zijn: Sarah Cox, Anthony Burpitt, Jan Cox, Melanie Ramos, Sue Keefe, Kate Willett en Pascale Mooij.

Ten slotte mijn echtgenoot, iemand waarmee ik veel geluk heb gehad hem te ontmoeten in dit leven; het is mijn versie van de hemel om met jou te zijn.

In herinnering:
Esther Coade, Ilo Mae Isabelle Swaby en
Tineke van Kruiningen-Bonder.

Ik hou van jullie. Iedere dag.

OMSLAG

Het kinderlijke zwarte paard embleem is te vinden in Japan in een stad genaamd 美馬. Van oudsher is deze stad een thuisbasis van paardenfokkers. De naam is ontleend aan twee Japanse karakters die *prachtig paard* betekenen.

Inhoud

Hoofdstuk 1

I   **Mima 美馬**
Het prachtige zwarte paard

II   **Equus**
Hun taal kort uitgelegd

III   **Verbinding**
Hoe we begonnen

Hoofdstuk 2

I   **Bewustwording**
Een serieus probleem

II   **Onder andere**
De dageraad van alles en niets

III   **Grote veranderingen**
Voorzien en onvoorzien

Hoofdstuk 3

De weg naar verlossing
Training zonder geweld

Hoofdstuk 4

I   **Stilte voor de storm**
Soms kan je alleen nog geloven

II   **Luister naar de paarden**
Volharding in een immorele wereld

Hoofdstuk 5

De gouden verrassing
Het prachtige gouden paard

Hoofdstuk 6

I   **Witte ruis**
De eerste breuk, ondenkbaar

II   **Misschien heb je geluk**
Verwachtingen

III   **De storm voor de kalmte**
Leven of dood, kies maar

Hoofdstuk 7   De weg naar herstel
Bouwstenen van dromen

Hoofdstuk 8   Zwarte ruis
De tweede breuk, verbazing

Hoofdstuk 9
- I   Je *zult* weer geluk hebben
Hoge verwachtingen
- II   Ze noemen het een wonder
Want dat was het
- III   Het gevreesde telefoontje
Wederom de roep van het universum

Hoofdstuk 10
- I   Synergie
Samen zijn we sterk, we zijn samen één
- II   Het geschenk
Een intieme conclusie, wees de leider in je leven

Hoofdstuk 11   Dagboeken
Verslag van gebeurtenissen in het verleden

Hoofdstuk 12   Equal us
Een gedicht gewijd aan de Equus (Engels)

HOOFDSTUK 1   Deel I

Mima 美馬   Het prachtige zwarte paard

*'La señora **mima** su hijo demasiado'* – *'de vrouw verwent haar kind teveel'*. *Spaanse vertaling van het geven van veel affectie of teveel aandacht. Zowel positief als negatief gebruikt.*

Wat een prachtig paard dacht ik, toen ik haar voor het eerst zag. Het was eind mei 2000. Ik was vijfentwintig jaar en zij slechts twee weken oud. Ze zou niet mijn eerste paard zijn; ik had het genoegen om al meerdere paarden gehad te hebben, allen al voorzien van een naam voordat ze bij mij kwamen. Nu zocht ik uit alle macht naar een naam die precies verbeeldde wat ik dacht dat zij was. Prachtig paard, vertaald in het Japans wordt uitgesproken als Me-ma en omdat dit de lading dekte, was dit haar naam de eerste negen maanden van haar leven. Ze was alles waar ik van droomde. Met een donkerbruine bijna zwarte glanzende vacht, zonder uitgesproken aftekeningen, en pluizige blonde plukjes babyhaar, zowel in haar oren als op haar neus en benen. Haar grote bruine ogen staarden naar me met een minnelijke stilte. Ze was ook heel groot, ruimschoots groter dan haar broers en zussen en tegen de tijd dat ze twee maanden oud was, al bijna te groot om bij haar moeder te drinken. Haar vader was een pure Engelse volbloed en haar moeder een Iers koudbloed. De combinatie van deze beide paardenrassen kan een heel sterk, atletisch en charismatisch ras opleveren dat bekendstaat, en in Groot-Brittannië en Ierland geregistreerd wordt, als Iers sportpaard of Ierse Hunter.

~~Mima~~
De naam Mima beklijfde niet en werd vervangen door Mia, wat in mijn ogen zowel mooi was als net zo beeldend. In het Italiaans

is de meest bekende betekenis van 'mia' *mijn* en je zou kunnen dwepen met de gedachte dat dit ook mijn doel was, maar uiteindelijk komt het er volgens mij op neer dat deze naam mij het meest aansprak. Toen Mia vier maanden oud was, werd ze gespeend van haar moeder en mocht ze in vrijheid leven met de andere veulens. Deze veulens hadden allen dezelfde vader en waren allemaal minstens twee maanden ouder dan Mia. Je zou kunnen zeggen dat ze te jong was om al bij haar moeder weggehaald te worden, maar ik ben ervan overtuigd dat het voor de fokker makkelijker was om alle veulens tegelijk te spenen, aangezien een fokkerij ook gewoon een onderneming is. Soms gebeurt het op deze manier en de paarden kunnen er prima uitkomen als ze maar met beleid gespeend worden. Ook in het wild is het geen onbekend verschijnsel dat merries hun veulen prematuur afstoten. Waarschijnlijk zullen we er nooit achter komen waarom ze dit doen, maar we moeten maar aannemen dat zo'n merrie dit met een goede reden doet. Een voordeel was in ieder geval dat Mia relatief goed gespeend werd en daarmee bedoel ik zonder al te veel stress en gelukkig zonder in de situatie te komen dat ze helemaal alleen werd gelaten, zoals veel van haar soortgenoten wel overkomt. Je kunt je vast wel een voorstelling maken van het onnodige trauma dat dit kan opleveren.

Middenin een vallei met groene heuvels in het hart van Groot Brittannië hadden de veulens onbeperkt toegang tot hooi, beschermd door een schuur gemaakt van golfplaten, vers water en ongeveer een halve hectare grasland. Het was geen al te slechte start. Zonder moeder of andere volwassen paarden in de kudde om haar te beschermen of de regels van het bestaan te onderwijzen, leerde ze op deze jonge leeftijd, zoals paarden dat kunnen, de natuurlijke betekenis van het ultieme overleven. Hoe perfect en met absolute precisie een trap te geven, zonder daar uitgebreid over na te denken, en hoe nauwkeurig te bijten met voldoende intentie om de ontvangende partij achter te laten met wat ontbrekende haren, waarvan de restanten soms zijn terug te vinden tussen de tanden van de dader.

Deze feiten worden hier niet genoemd om aan te geven dat Mia, of welk ander paard dan ook, een monster is. Juist niet. Ik wil in dit eerste hoofdstuk enig inzicht geven in paarden en hun taal, zodat de waarde van dit verhaal, en dan met name het levenspad van dit specifieke paard, de lezer bereikt op een dieper gevoelsniveau. Wat vooral bijzonder is, is mijn visie die ik geef vanaf haar jonge jaren tot de huidige tijd en de uitleg van waarom ik denk dat bepaalde gedragingen zich manifesteerden zoals zij deden en hoe specifieke karaktereigenschappen zich ontwikkelden. Het is nogal een relaas en het leidt rechtstreeks naar het verhaal hoe ze twee benen brak en overleefde.

HOOFDSTUK 1   Deel II

Equus   Hun taal kort uitgelegd

Het bestuderen van de paardensoort, hun gedrag en hun taal, is voor veel mensen zoals ik een volledige toewijding, een heel leven lang, je raakt nooit uitgeleerd, want er is simpelweg zoveel te leren. Hoe toegewijd ik ook ben en zo gedisciplineerd als ik kan zijn, ik erken ruiterlijk dat ik het nooit allemaal kan weten. Ik zal mezelf ook nooit vergelijken met de echte, historische of huidige, meesters op dit gebied. Het is het niet waard. Ik heb een van mijn mentors een paar keer horen zeggen:

"Je kan de fans voor de gek houden, maar de spelers niet!"

Het woord *spelers* betekent hier niet alleen de meesters of de goed geïnformeerde en opgeleide paardenenthousiastelingen, maar ook de paarden zelf. Als we het hebben over trainers en instructeurs, die hun diensten aanbieden om mensen en paarden les te geven en te trainen, moeten we erkennen dat certificaten en diploma's niet per se bewijs zijn dat ze het goed kunnen. Ik noem dit hier omdat voor mij, en veel mensen op deze wereld, het meest fascinerende deel van dit proces, iets anders is. Een echt paardenmens zijn, vereist niets anders dan 110% inzet en een iets andere manier van denken.

In willekeurige volgorde zijn deze zaken: het accepteren van de aard van het paard en hier niet tegen vechten; uitmuntend zijn in alles wat je doet, van begin tot eind; het je eigen maken van vaardigheden, gewoonten en technieken, tot op een hoog niveau; weten wanneer je wel of niet je ego mag laten spreken; het vermijden van herhalen van ongewenst gedrag; in staat zijn om kalm te blijven in stress situaties; een hoge mate van vertrouwen, gevoed en onderhouden door motivatie; de kunde en flexibiliteit om je aan te passen aan allerlei situaties; onwankelbare compassie en empathie; het vermogen om te luisteren en te observeren zonder oordeel; in staat zijn om persoonlijke emoties en doelen opzij te zetten; weten waarom en niet alleen hoe je dingen doet; levenservaring zowel met als zonder paarden; de vaardigheid om nee te zeggen en dit dan ook te menen en ten slotte geloof in jezelf, anders gelooft de klant en/of het paard je zeker niet. Ik moet de persoon nog tegenkomen bij wie al deze vaardigheden zijn aangeboren, maar ik ken mensen die erover beschikken en die hiervoor onvoorstelbaar hard gewerkt hebben. Dit zijn de mensen waar ik tegenop kijk, zij zijn mijn mentors en meesters.

Ik sta erom bekend dat ik in mijn lessen verwijs naar onze dierbare vriend het paard op een antropomorfologische manier en gekscherend als een soort sociopaat of psychopaat. Hoewel het lang niet altijd ideaal is om menselijke eigenschappen te gebruiken in een vergelijking, kan het klanten bij een uitleg wel helpen om dingen makkelijker te begrijpen. Persoonlijk ben ik kort gezegd van mening dat we paarden, wanneer het mensen zouden zijn, helemaal niet zo leuk zouden vinden. Sterker nog, we zouden ze waarschijnlijk opsluiten en de sleutel weggooien. Je zal misschien vragen waarom en mijn antwoord zou iets zijn in de trant van een uitleg over de hersenen van het paard, die overigens niet groter zijn dan een flinke sinaasappel, zo'n groot dier en dan maar zo'n klein brein. Biologisch gezien is er niet veel ruimte voor lachen, tranen, leugens, zorgen om gisteren, morgen of geld. Ze denken gewoon niet op dezelfde manier als wij, punt. Het is fysiek niet mogelijk omdat het deel van het brein waarin wij al die gedachten vormen, simpelweg in hun hoofd niet bestaat. Het brein dat ze wel hebben, is echter ongelofelijk interessant en voor de lol probeer ik me vaak voor te stellen hoe het zou zijn als we in hun lichaam konden kruipen, hun geest konden voelen en door hun ogen konden zien. Waarschijnlijk zouden we in shock direct het paard verlaten,

want het zou een buitenaardse ervaring voor ons zijn.
Dus waarom paarden vergelijken met sociopaten?

Het is niet iets om je zorgen om te maken als je er op de volgende manier naar kijkt: in een voor paarden sociale omgeving, hetgeen gelukkig steeds populairder wordt in deze eeuw, willen en moeten ze absoluut met elkaar communiceren. Eén van de manieren waarop ze dit doen, is door te spelen en proberen elkaar te domineren. Om het simpel te houden: ze zullen óf spelen dat ze vechten óf ze zullen echt vechten. Twee bekende methoden van zo'n gevecht zijn bijten en trappen en soms allebei tegelijk. Het punt is dat wanneer je lang genoeg bij ze in de buurt bent en ze het geluk hebben om in een sociale omgeving te leven, je op een zeker moment een confrontatie tussen paarden zult zien, waarbij het ene paard het andere heel hard trapt. En met heel hard bedoel ik ook echt heel hard, misschien wel twee of drie keer en soms tot bloedens aan toe. Het interessante is, dat na afloop, het dominante paard niet met een schuldbewust gezicht zijn excuses aanbiedt voor wat hij zojuist heeft gedaan. Zo werkt het niet. Mensen dichten hun paarden weleens menselijke eigenschappen toe en zweren dat hun paard spijt heeft van iets, maar als we naar de biologische aard van het paard kijken, zit dat er gewoon niet in. Overleven, dat zit in hun systeem en roofdieren te slim af zijn, dat zit in hun systeem, maar sorry zeggen zit er niet in. Een ander belangrijk feit is dat paarden, mensen de hele tijd te slim af zijn. Dit is waar ze voor gemaakt zijn, roofdieren te slim af zijn en ons te slim af zijn.

Ik moet er altijd om gniffelen om het komische aspect van wat ze allemaal kunnen om precies dat te doen. Ook hier geldt dat wanneer je maar lang genoeg bij ze in de buurt bent geweest, dan heb je een keer gezien dat een onopgevoed paard zijn mens naar een anonieme voeremmer meesleurde of naar een sappig hapje gras of dat zo'n paard zijn mens een stukje mee liet lopen in een richting die eigenlijk niet gewenst was. Dit zijn de soort spelletjes die ze kunnen en zullen spelen en ja, dit kan gevaarlijk

zijn omdat het levende, ademende, beslissing nemende dieren zijn. De empathische oplossing om deze zaken het hoofd te bieden, met behoud van de waardigheid van het paard, hoeft niet gewelddadig te zijn. Laten we dit, met alles wat we nu weten, alsjeblieft veranderen.
Dus, wat is abnormaal voor een sociopaat vergeleken met iemand die dat niet is?

Typisch voor een sociopaat is een, al dan niet totaal, gebrek aan wroeging, empathie, spijt of schuldgevoel en hier komt het: *dit geldt ook voor paarden!*

Begrijp me niet verkeerd, ik zeg niet dat paarden geen emoties hebben of voelen. Ze hebben absoluut gevoelens, zowel op lange als korte termijn. Voorbeelden hiervan zijn roepen of hinniken in nood, vormen van depressiviteit, onrust, rouw en verdriet, uitbarstingen van vreugde, vlagen van adrenaline, vreedzaamheid, angst en zelfs kortstondige boosheid. Wat we niet moeten vergeten, is dat het niet hetzelfde is als de menselijke emoties. Het kan er hetzelfde uitzien en zelfs hetzelfde voelen, maar het is anders.
Namens alle paardenliefhebbers, spijt het me oprecht, de lezers zonder paardenachtergrond, te moeten teleurstellen over het waarheidsgehalte van het gedrag van paarden op het witte doek. De waarheid is dat beelden waarin paarden getoond worden, die constant lopen te hinniken of andere vriendelijke geluiden maken tegen elkaar of tegen hun menselijke gezelschap, extreem fictief zijn. Paarden gebruiken hun stem over het algemeen wanneer ze emotioneel zijn, bang of beide tegelijk en dat is dan meestal een roep naar de veiligheid van de kudde, of ze nou samenleven of niet. Een andere reden is bijvoorbeeld de gewoonte van het vragen van eten aan hun mensen. Met dit in gedachten, zou je je kunnen afvragen of we paarden *anders zouden behandelen* als ze daadwerkelijk praten tegen mensen zoals in de film?
Ik denk van wel.

We weten dat wanneer een paard jong is, de moeder met geluid communiceert. Afhankelijk van de omgeving varieert dit in frequentie en wanneer het veulen groeit en meer op eigen benen gaat staan, verdwijnt het. Een hele stille wereld, vergeleken met die van ons. Betoverend ook. Het is hierom dat een paard dat de moeite neemt om je bijvoorbeeld bij het hek te begroeten, met als bonus nog een hinnik ook, één van de meest speciale gevoelens ter wereld is. Ingegeven door slechts een paar situaties, zoals de mens die een uitstekende band heeft met het paard, een dagelijkse routine, of de brenger van een portie voer. Een combinatie van alle drie is uiteraard ook mogelijk. Laten we nooit vergeten dat ze willen overleven. Helaas zijn mensen zich soms te bewust van de verwondingen die paarden zichzelf of elkaar kunnen toebrengen. Uit angst voor schade, sluiten ze deze geweldige dieren op, of erger nog, ze isoleren ze. Dit is een onderwerp wat me aan het hart gaat en ik zal hier een paar punten aanstippen. Een paard huisvesten in een stal is niet per definitie een goede of slechte zaak. Voor mij persoonlijk hangt het ervan af hoe de stal wordt gebruikt, hoe vaak en hoe lang. Zelfs wanneer een paard een hoge waarde vertegenwoordigt, in de sport, voor de fok of als statussymbool, tenzij men echt geen andere keuze heeft, moet het niet worden opgesloten. Het kan me niet schelen wie wat dan ook zegt, maar meer dan twintig uur per dag opgesloten staan, jaar in jaar uit, is niet in het belang van het paard. Het doet geen recht aan zijn mentale en emotionele behoeften. Het dient enkel en alleen het belang en gemak van de mens. Hard, tja. Oneerlijk, nee. Ik beweer niet dat een stal, of box zoals het vaak wordt genoemd, een slechte plek is, maar een sociaal en atletisch vluchtdier dat is gebouwd om te bewegen, opsluiten zodat het geen vrije keuzes meer heeft, valt voor mij niet goed te praten. Je kunt mij er niet van overtuigen dat het niet een soort gevangenis is. Niet alleen voor hun ziel maar ook voor hun lijf. Als we heel eerlijk zijn, wordt het alleen maatschappelijk aanvaard omdat paarden niet in staat zijn om zich verbaal te beklagen of om te huilen op een manier die herkend wordt als wanhopig of misbruikt. Huisdieren zoals honden of katten kunnen wel janken op een manier die mensen

raakt. Het verschil is dat paarden ook klagen, maar meestal in stilte. Wat je niet kunt horen, kun je wel zien als je goed kijkt. Dit werpt een andere vraag op: als paarden net als in de film meer verbaal zouden communiceren:
Zouden we ermee wegkomen?
Ik denk dat het antwoord *nee* zou zijn.

Zoals eerder gezegd en zonder schijnheilig te willen klinken: ik heb niets tegen stallen. Het op stal zetten van paarden kan voordelen hebben. Een ideale situatie waar paarden goed mee kunnen omgaan is gedeeltelijk op stal staan, met de mogelijkheid om lekker naar buiten te gaan, op een redelijk stuk grond, waar ze kunnen bewegen, dartelen en spelen. Te vaak zie ik deze vorm, in combinatie met een paddock met slechte bodem of te kleine afmeting. Ik ben realistisch genoeg om in te zien dat het niet altijd mogelijk is om je paard zo te huisvesten, maar voor het welzijn van die paarden, hoop ik altijd dat ze het mogen meemaken dat ze verhuizen naar een plek waar dit wel kan. Er zijn veel voor- en tegenargumenten, maar de reden dat ik wel soms een stal wil gebruiken voor mijn paarden is ze voor te bereiden op toekomstige mogelijke situaties. Ze moeten in deze wereld leven, een wereld die krimpt. Er is steeds minder land beschikbaar, zeker in Europa. Niemand kan voorspellen wat er morgen gebeurt en misschien hebben we op een dag geen andere keuze dan onze paarden op stal te houden. Ik wil graag dat mijn paarden zich kunnen aanpassen aan alle manieren van huisvesting en zich daarin op hun gemak voelen. Als ik bijvoorbeeld naar een clinic of demonstratie reis, waar we een nacht of meerdere nachten blijven, is een box de meest gangbare tijdelijke accommodatie voor de paarden. Natuurlijk zou ik de organisatoren kunnen melden dat ik niet kom tenzij mijn paard een buitenpaddock krijgt, maar ik kan er ook in berusten dat ze een paar dagen op stal staan en daar nog wat van opsteken ook. Ik weet dat sommige lezers dit laatste betwijfelen, maar ik denk dat het over het algemeen bijdraagt aan de levenservaring van een paard, net als in een trailer staan voor een lange reis. Het kan bijdragen aan je gemoedsrust omdat het niet nieuw voor ze is, wanneer ze onverhoopt met een blessure of ziek op stal komen te staan. Grote kans dat er minder stress bij komt kijken en dat ze er redelijk goed mee om kunnen gaan. Ik geloof er alleen niet in om ze, of welk dier dan ook, te beperken tot een eeuwig leven tussen vier muren.

Van nature en vanaf zeer jonge leeftijd was Mia, wat je in de wereld van de paarden, hoog in rang noemt. Haar broers en zussen leefden in genade van deze sterke alfa merrie. We moeten de schoonheid van Moeder Natuur danken en haar buitengewone gift van instinct, want het jonge veulen nam de plaats in van een volwassen dier in de kudde en zorgde voor discipline. Dit laatste lukte soms niet helemaal want niemand corrigeerde haar, later in haar leven probeerden ze dat wel; hier kom ik later op terug.

Paarden zijn geweldige dieren. Ze hebben het vermogen om zich aan te passen en constant te leren, vanaf het moment dat ze geboren worden tot het moment dat ze de aarde verlaten. Ze zitten anders in elkaar dan jij en ik, ze hebben bij de geboorte een volledig vermogen om te leren, in de biologie bekend als nestvlieders. Een goede manier om dit te verduidelijken is wellicht het oude spreekwoord:
Je kunt een oude hond geen nieuwe trucjes leren.
Net als bij ons gaat bij een ouder wordende hond, het functioneren van het brein achteruit, omdat een hond een roofdier is. Vanwege het vernuftige vermogen om te leren en te overleven, blijft bij paarden het brein op hetzelfde niveau functioneren, jong of oud, en dat is simpelweg omdat ze prooidieren zijn. Het kan wel voelen alsof een jong paard sneller leert dan een volwassen dier maar dat is omdat ze nog niets weten.

Paarden hebben ook wat ik graag de drie super zintuigen noem, te weten hun oren, ogen en neus. Zonder al te diep in te gaan op hoe ze daadwerkelijk functioneren, zal ik kort de voordelen uitleggen en wat informatieve details geven. Een paard heeft een uitstekend gehoor en zal vaak luisteren voordat hij kijkt. Ook gebruiken paarden een combinatie van horen en kijken. Hun gezichtsvermogen is uitermate geschikt voor hun manier van leven als prooidier en in vergelijking met dat van ons is het geavanceerder. Dan is er nog het reukvermogen. Ze kunnen dit gebruiken om te beoordelen of de omgeving veilig is, maar meestal gebruiken ze het om elkaar, eten, voorwerpen etc. te ruiken. Met deze beperkte kennis kunnen we reeds bepalen hoe een relaxed en tevreden paard eruit ziet. Het hoofd laag, met stil hangende oren, nauwelijks geluid waarnemend. De ogen zacht en bijna dicht, de ademhaling oppervlakkig. Soms wordt de ademhaling zelfs zo rustig dat het moeilijk is om hun neusgaten te zien bewegen wanneer ze ademen. Het tegenovergestelde beeld is een opgeheven hoofd, met oren naar achter gedraaid of naar voren gestoken, op zoek naar gevaar of veiligheid. Of ze zijn ergens op gefixeerd, waarvan ze de mate van gevaar willen vaststellen. Dit gaat vaak gepaard met trillende neusvleugels, diep ademend om de longen te voorzien van zoveel mogelijk zuurstof, in voorbereiding op een mogelijke vlucht en het opnemen van zoveel mogelijk geuren. Het is belangrijk om dit goed te begrijpen. Een paard maakt, zoals eerder gezegd, over het algemeen weinig tot geen geluid. Een angstig paard zal snuiven en wanneer hij zich verloren of in de steek gelaten voelt, dan zal hij in nood roepen, maar verder gebruikt hij zijn stem niet. Het is ook van belang om te weten dat een paard geluid, zicht en geur kan isoleren. Dit houdt in dat één geluid door het ene oor kan worden opgevangen en een ander geluid in het andere oor. Met hun ogen en neus kunnen ze eveneens informatie isoleren. Dit is een opmerkelijke eigenschap en het verklaart misschien wel waarom ze al meer dan 55 miljoen jaar op aarde zijn, terwijl wij mensen hier nog maar 200.000 jaar rondlopen.

Nog een interessant punt is dat wanneer een paard zijn oren naar voren heeft, hij alleen maar zijn focus naar voren richt. Het betekent niet dat hij blij is. Wanneer een paard beide oren naar voren heeft en daarbij in dezelfde richting kijkt, dan betekent dat over het algemeen dat hij probeert vast te stellen of er sprake is van gevaar of niet. Het is een wijdverbreid misverstand dat een paard alleen blij is als hij zijn oren naar voren heeft. Natuurlijk, als mensen paarden fotograferen, willen ze mooie plaatjes en om dit te bewerkstelligen, doen ze hun uiterste best om de oortjes naar voren te krijgen. Gedurende foto shoots vragen ze een dier dat niet lacht door middel van naar voren staande oren, om iets onnatuurlijks te doen, soms wel uren achter elkaar. In feite vragen ze het paard om zijn overlevingsreflex in te schakelen, om vervolgens stil te staan, te ontspannen en zich goed te gedragen. Ik hoop dat je de boodschap begrijpt. Het is niet om kritiek te uiten, maar om te onderrichten. Dit gezegd hebbende, zou ik graag een verandering zien in de paardenwereld, met meer foto's van paarden die tevreden stilstaan, met relaxte oren en zachte ogen. Trouw aan hun werkelijke aard in plaats van voldoend aan het ideaalplaatje van mensen of hun ego.

Voor Mia was het op deze jonge leeftijd al snel duidelijk wie ze was en hoe ze voorrang kreeg bij de toegang tot water en hooi. Wat ik nu ga vertellen is tevens de oorsprong van hoe ze leerde en het voor elkaar kreeg om mensen te slim af te zijn, vooral de voorspelbare exemplaren. Het prachtige twee weken oude veulen waar ik met een handdruk een aanbetaling op had gedaan, was in wezen wild. Ze was nog niet in mensenhanden geweest. Van alle beschikbare veulens was zij duidelijk de sterkste en hoewel de jongste, de enige met een soort taaiheid en een mooie glanzende vacht. Uiteraard was ze hierdoor ook duurder dan alle andere veulens die te koop werden aangeboden. In mijn opwinding bij het vooruitzicht van mijn volgende droompaard wees ik haar letterlijk aan in de kudde en zei *die daar*, schudde de hand van de verkoper en deed de aanbetaling. Tussen die dag en de dag dat ze, zeven maanden later, met me naar huis ging, bezocht ik haar om de drie weken. Hoewel ze het bij ieder bezoek makkelijker vond om mensen in haar buurt te hebben, kon ik haar nog niet daadwerkelijk aanraken. Het was een rare situatie. Ze was deels van mij omdat ik de aanbetaling had gedaan, maar toch voelde het niet goed genoeg om te beginnen met trainen of mak maken

voordat ik volledig eigenaar was. Ik zal de rest van mijn leven de dag niet vergeten dat ze verhuisde. Ik was ziek van opwinding en angst, want ze was natuurlijk wild en ongetemd. Met heel mijn hart hoopte ik dat er een verandering had plaatsgevonden in haar ervaring met mensen sinds mijn laatste bezoek een paar weken eerder, maar diep van binnen wist ik wel beter. De verkoper had me immers niet verteld dat hij hier aandacht aan zou besteden. Even bestonden mijn zorgen niet, want de man met wie ik de koop had gesloten, leidde Mia langzaam en schijnbaar zonder problemen, uit de stal, weg van haar kudde, naar het groene vrachtwagentje dat ik had gehuurd om haar thuis te brengen. De vraag hoe hij haar halster om heeft gekregen, is nooit beantwoord. Ze was erg in zichzelf gekeerd en achteraf gezien denk ik dat ze totaal overdonderd en in shock was. Ze was immers nooit weggeweest van de veilige haven die de boerderij of haar kudde vormde en nu werd ze naar een onbekende plek gebracht. Haar ogen spraken boekdelen, met het witte membraam zichtbaar, als een konijn dat in de koplampen van een auto kijkt en ik herinner me dat ik tegen mezelf zei: *Alles komt goed als ze thuis is, laten we haar naar huis brengen.*
De man probeerde haar de laadklep op te krijgen en in de vrachtwagen, maar omdat ze niet begreep wat hij nou van haar wilde, plantte Mia haar voeten in de grond en zei natuurlijk nee. Ze vocht niet, ze bevroor gewoon. Zonder er verder over na te denken en alsof hij het al honderden keren had gedaan, zei hij letterlijk tegen me:

"Ben je er klaar voor?"

Ik knikte, kon nog niet geloven wat er ging gebeuren maar mijn lichaam reageerde al op datgene wat ik niet kon geloven. Hij sloeg simpelweg zijn armen om haar heen, zoals bij een jong kalfje, tilde haar op en liep via de laadklep naar boven. Het moet hem al zijn kracht gekost hebben om haar achterin de vrachtwagen te zetten. Mijn onderbewuste reactie op zijn onuitgesproken gebaar was om het hek dicht te doen. Hij keek me aan, schudde nog een keer mijn hand, mompelde iets ten afscheid en dat was het laatste wat ik ooit van hem zag. Ik moet eruit hebben gezien alsof ik water zag branden en na een verbaasd hoofdschudden en een opbeurend gesprek met mijn handlanger om de schok te boven te komen, was ik vooral dankbaar dat ze op vier voeten geland was. Het was begonnen en ik was ongelofelijk blij dat ze in de vrachtwagen stond. Ik kon niet wachten om haar thuis te krijgen en deze nieuwe vriendschap te beginnen met het aanbieden van karrevrachten vol liefde en lessen.

HOOFDSTUK 1   Deel III

Verbinding   Hoe we begonnen

Verbinding: twee of meer individuen die tijdelijk of permanent emotioneel gehecht raken.

Ik had een week vrij genomen van werk om tijd door te brengen met mijn nieuwe beste vriendin en geloof me wanneer ik zeg dat ik alles heel anders aan zou hebben aangepakt als ik toen had geweten wat ik vandaag de dag weet. Ik kocht een speciaal halster, eentje zonder metalen of plastic gespen maar klittenband, met de intentie om het ook in de stal om te kunnen laten, zodat ik tenminste kon beginnen met haar aan te raken en als ze ooit met haar hoofd ergens aan zou blijven haken, dan zou het halster breken en afgaan. Indertijd vond ik dit een geniaal systeem en tot op zekere hoogte vind ik dat ook nu nog. Voordat ze het land op mocht met de andere paarden, moest ze ontwormd en ingeënt worden, dus we hadden eerst nog wat één-op-één tijd. Dat kwam eigenlijk wel goed uit want ik had geen idee hoe ik haar ooit weer te pakken zou krijgen, wanneer ze eenmaal op de grote wei was losgelaten. Ik bracht uren en uren zittend in de stal door, waarbij ze mij mocht aanraken en op de momenten dat het goed voelde, raakte ik haar aan. Een mooi voorbeeld van het feit dat een stal ook heel handig kan zijn. Dit ging vrij goed en hoewel ik het destijds niet wist, denk ik dat het proces van mak worden naar mij toe zo vlot ging omdat zij de keuze kreeg om mij als eerste aan te raken en te onderzoeken. Het duurde niet lang voordat ik haar overal kon aanraken en zelfs van de boerderij kon meenemen voor een ontdekkingstochtje en wat beweging. Ik was ook begonnen met haar te leren hoe ze vastgebonden stil moest staan en hoe ze haar voeten moest optillen zodat ik de

onderkant van haar hoeven kon schoonmaken. De traditionele basis, ik had nog nooit een paard getemd. Er waren dan ook best veel zaken gaande die ik niet door had, tot een hele tijd later. Ze was begonnen met mij uitzonderlijke dingen te leren, die ik in het verleden met andere paarden nooit geleerd had en volgens mij was dit het begin van mijn reis. Mijn reis van leren van niet slechts naar paarden te kijken en hoe ze te trainen, maar hoe ook daadwerkelijk naar ze te luisteren. Zij leerde mij dat omdat ik degene was die haar van eten voorzag en omdat ik degene was die haar had toegestaan om voor het eerst contact van betekenis te maken. Met heel haar hart wist ze dat ik veiligheid bood en als iets of iemand onze kudde van twee aantastte, stak ze daar een stokje voor. In het begin en op heel subtiele manier, domineerde ze mij. Later veranderde dit en werd het nog veel erger voordat het verbeterde. In dit stadium was ze ten opzichte van andere mensen dan ik nog heel erg onzeker. Het ene moment kon ze in vluchtmodus staan en heel schrikachtig en bang zijn, het volgende moment schoot ze in de vechtmodus en verdedigde zichzelf fel. Door dit gedrag werd ze in de loop der tijd *gestoorde merrie* en *stout paard* genoemd.
Wat me het meest is bijgebleven, is dat iemand zei:

"Die pismerrie is wild!"

En achteraf gezien hadden ze grappig genoeg gewoon gelijk. Uiteraard klopte pismerrie niet maar voor de rest was ze gewoon nog wild, alleen mak met betrekking tot de gedachte aan voedsel en water, dagelijkse routine en misschien mij.
Ik zeg misschien mij, want als ze mij daadwerkelijk vertrouwde *had ze zich dan op dezelfde manier gedragen?*
Destijds zou ik *nee* geantwoord hebben, vandaag de dag zeg ik *dat hangt ervan af.*
Ik heb nog meer evaluaties van hoe ik denk dat alles is gelopen en hoe het, bij gebrek aan een betere omschrijving, zo'n ontzettend onhandig deel van ons leven samen werd. Dit gedrag duurde jaren, tot het uiteindelijk bijna haar leven kostte.

Eén van de eerste ingrediënten die bijdroegen aan haar sensitieve reactie op mensen vond plaats in de week dat ze getemd werd, nadat ik haar eindelijk thuis had. Het moet de tweede of derde dag geweest zijn dat ze thuis was en de dierenarts kwam om haar te vaccineren en een antidiefstal chip in te brengen. Uiteraard was ze toen tot op zekere hoogte nog gewoon wild. Ik zal niet zeggen dat ze echt bang was toen ze in haar buurt waren, ze liet namelijk dapper tekenen van nieuwsgierigheid zien met haar neus, maar ze was zeker lastig te hanteren wanneer iemand anders haar wilde aanraken. Ze leerde in een mum van tijd hoe ze met succes haar kracht tegen hen kon gebruiken door haar lijf in bochten weg te wringen, als een reuzenworm met benen. Op dit moment kon ik wel voelen dat ze mij vertrouwde hetgeen tot op zekere hoogte een geruststelling voor me was. Dit kwam doordat ze het proces van binding met mij was begonnen lang voordat ik dat in de gaten had. Ik herinner me dat ik haar uit de stal leidde die in een grote schuur was, wachtend op de dierenarts en zijn assistent, zodat zij hun werk konden doen in de gang. Mia was op het eerste gezicht weer stil; de dierenarts was snel met het klaarmaken van de naald, het schoonmaken van haar nek met alcohol en het geven van de injectie in haar nekspier. Ze protesteerde lichtjes, zoals de meeste paarden en zelfs sommige mensen doen, maar ze leek verder in orde. Uiteraard was ze dit niet. Wat volgde was de voor mij verbazingwekkende routine waarmee ze kon reageren op de voorspelbaarheid van mensen. Ze wist dat wat de dierenarts ook zou doen hierna, het net zo pijnlijk zou zijn of erger en haar antwoord in paardentaal was op haar achterste benen te gaan staan en uit alle macht proberen om weg te komen. Wij wisten op dat moment alle drie niet beter dan haar kostte wat kostte vast te houden en de dierenarts kreeg het voor elkaar om de chip in haar nek te schieten, met iets wat eruit zag als een soort pistool. Het was klaar en Mia die geprikkeld was, kroop dicht tegen me aan. Na een kort gesprekje met de dierenarts bracht ik haar terug naar haar stal waar ze doorging met het eten van haar hooi en rustig bleef alsof er niets gebeurd was.

Eindelijk was daar dan de dag dat ze de wei op mocht met een paar andere paarden. Ik was extreem blij voor haar en ook licht bezorgd of ik haar ooit nog zou kunnen vangen. Dat probleem lossen we wel op als het zich voordoet, dacht ik, nu werd ze losgelaten om te rennen en spelen op de prachtige heuvelachtige weides. In die tijd kon je op deze stal kiezen of je je paard twaalf uur op stal en twaalf uur op de wei wilde hebben en ik heb nooit een probleem gehad om haar te vangen.

Het grootste deel van mijn leven, vanaf het moment dat ik klaar was met school en ook nadat we naar Nederland emigreerden, heb ik full time gewerkt. Mijn paarden verzorgde ik voordat de vogeltjes begonnen te fluiten en lang nadat ze daarmee gestopt waren. Ik houd heel erg van het proces van het verzorgen van paarden en destijds vroeg ik niet vaak om hulp. Mia raakte bevriend met een jong paard en een gepensioneerde pony, hoewel zij wel duidelijk haar ondergeschikten waren. Ik kan me niet herinneren dat ik haar ooit heb zien spelen, tot op de dag van vandaag niet, maar ze renden wel veel en ze bleven altijd aan haar zijde. Ze was niet uitgesproken aardig tegen ze, en wat is aardig in paardentaal, maar ze was ook niet wat ik gemeen zou noemen, met slechts af en toe een trap of een hap, in ieder geval geen incidenten waarbij de vacht beschadigd werd. Eigenlijk is dit vandaag de dag nog precies hetzelfde, haar kudde is veranderd, maar haar gedrag niet. Ze bleef ongeveer veertien maanden in dezelfde groep en zoals je je waarschijnlijk kunt voorstellen, werd ze ongelofelijk groot en hoog. Het was en is nog steeds een prachtige boerderij waar traditionele regels heersen, zoals het scheiden der sexen en mij werd verteld dat het tijd was om haar te verhuizen naar de merrie wei.

We hadden redelijk wat slecht weer gehad, dus de kleigrond die we daar hadden, was enorm glibberig door de regen en dat baarde me zorgen. Maar goed, regels waren regels, dus liet ik haar los in haar nieuwe habitat om haar nieuwe kudde te ontmoeten. Een gewoonte van haar was en is, dat wanneer ik haar loslaat ze ongeveer 8 à 10 meter stapt en dan alsof ze wordt

afgevuurd, wegrent alsof ze plotseling waardeert dat ze vrij is. Ze deed dit ook deze dag, met dit verschil dat het een andere wei was met andere paarden. Deze paarden waren groot, sommige zelfs groter dan zij. Er waren verschillende rassen, variërend van koudbloeden tot warmbloeden en met de heersende hiërarchie op het spel, kwamen ze allemaal meteen kijken wie de nieuwe aanwinst was. Net op het moment dat Mia begon met grazen, kwam een grote warmbloed aan galopperen. Het was de alfa merrie. Toen ze naderde, voerde ze een sliding stop uit, draaide op een dubbeltje en trapte Mia keihard met beide achterbenen drie of vier keer achter elkaar voordat ze weg galoppeerde, om vervolgens terug te komen met een vriendin die haar hielp om het nog eens dunnetjes over te doen. Ik herinner me dat ik dacht: *Shit, dat wordt waarschijnlijk weer een rekening van de dierenarts.*
Ze was echter helemaal niet gewond, misschien een beetje beurs, enigszins beschermd tegen de scherpe delen van de hoeven door haar deken. Hoe Mia reageerde op dit gedrag was hetgeen me het meest fascineerde. Ze incasseerde gewoon de klappen. Ze bleef letterlijk stilstaan alsof ze van staal gemaakt was en zodra ze klaar waren en uit haar ruimte gingen, begon ze weer te grazen. Ik zag geen tekenen van nervositeit, ze riep niet naar haar oude vrienden in de andere wei, het was alsof ze gewoon wist dat ze nu hier moest zijn en haar enige zorgen waren eten en water. Ze verbijsterde mij en de beschaamde maar sympathieke eigenaren van de dominerende paarden, die waren komen kijken naar het spektakel. Iets dat heel gebruikelijk is als er een nieuw paard in de kudde wordt geïntroduceerd.

Ongeveer vijftien minuten gingen voorbij en in deze tijd kwam de rest van de kudde ook poolshoogte nemen. Volgens mij waren er zo'n twaalf merries en acht daarvan, waaronder de alfa merrie en haar handlanger, kwamen dichtbij om het gebruikelijke ruiken aan de neus te verrichten, af en toe gevolgd door gegil en een trap. Het duurde niet lang of iedereen stond met het hoofd naar beneden gras te eten, met Mia midden in de groep. Het was klaar. Ik heb nooit meer gezien dat de merries haar lastigvielen.

Ik herinner me dat ik er soms moeite mee had om niet te ongerust te zijn over Mia als ik haar actie zag ondernemen om haar positie te handhaven, want ze was zonder al te veel inspanning weer de alfa merrie geworden.

Een andere factor die bijdroeg aan haar gedrag vond plaats toen ze ongeveer twee jaar oud was. Ze stond zoals gebruikelijk op de wei en toen ik haar binnenhaalde ontdekte ik een open wond, hoog aan de buitenkant van haar voorbeen. Precies in het midden van de gemeenschappelijke teenstrekker (m. extensor digitalis communis), een belangrijke spier. Er was niet veel bloed te zien, maar er zat een onwelkom joekel van een gat. Uiteraard belde ik de dierenarts en hij schreef de destijds gebruikelijke medicatie voor dit soort wonden voor. Ik moest de wond 3x per dag spoelen om hem schoon te houden met bepaalde producten. Niet zoveel anders dan hoe dit vandaag de dag gedaan wordt, behalve dat de gebruikte producten verschillen. De beste manier voor dit type wonden om te helen is in feite van binnen naar buiten, wat onder andere helpt om infecties te voorkomen en de kans op littekenweefsel reduceert. Ik deed wat ik moest doen, inclusief ervoor zorgen dat de wond niet dichtging en het monitoren van haar temperatuur. Op de derde dag was haar temperatuur abnormaal hoog. Ik kan me het getal niet herinneren, maar het was te hoog dus ik belde de dierenarts. Hij zei dat ik het een paar uur aan moest kijken en als er geen verbetering was zouden ze rond de lunch een spoedvisite afleggen. Helaas kwam er geen verbetering en stopte ze zelfs met eten en drinken. Ik was doodsbang. De dierenarts kwam, een vrouw deze keer, en vertelde me dat het eruit zag als een ernstige infectie en dat ik haar zo snel als ik kon naar de kliniek moest brengen. Ik was in shock. Hoe kon zo'n simpele wond voor zoveel ellende zorgen? Met mijn trailer lukte het me om haar naar de kliniek te brengen en ik herinner me dat ik wat ongeduldig en kortaf was tegen de dierenarts. Ik wilde weten of ze me iets hadden kunnen adviseren om dit de voorkomen; ik was zo nauwkeurig geweest in het opvolgen van de instructies. Uiteraard was er niets mogelijk geweest; ze hadden hun beste diagnose gesteld met de kennis die ze hadden en achteraf gezien zeiden ze dat het heel goed mogelijk was dat de wond besmet was. Met grote tegenzin en pijn in mijn hart liet ik haar achter in de kliniek en ging linea recta terug naar de boerderij om nog een laatste keer in de wei te zoeken naar de dader die deze ellende veroorzaakt had. Ik was ervan overtuigd dat er absoluut niets was waaraan ze zich zo opengehaald kon hebben, totdat ik het vond. Ik sloeg mezelf voor mijn hoofd toen ik ontdekte dat het de hoek van de waterbak was, waar wat roest op zat. Ik vond ook bewijs in de vorm van een waterig straaltje bloed aan de zijkant. Een gevoel van opluchting dat ik nu wist wat het was, maar ook boosheid naar mezelf omdat ik het niet eerder had gevonden. Terwijl ik de dierenarts belde om mijn bevindingen door te geven, startte de boer zijn tractor met een vijl in zijn hand om alle scherpe hoeken van de waterbakken in de weides af te ronden. De dag erop werd bevestigd dat ze bloedvergiftiging had opgelopen en ter behandeling nog zeker een week in de kliniek moest blijven. Het feit dat ze niet at en niet dronk was zeer zorgelijk. Ik was behoorlijk van slag en nam een paar dagen vrij van mijn werk, zodat ik haar zo vaak mogelijk kon bezoeken. Niets anders deed ertoe.

Een interessante ontwikkeling was dat ze op de tweede of derde dag na haar opname in de kliniek uit mijn hand begon te eten. Als ik wegging, at ze niets. Gelukkig zakte haar temperatuur naar normale waardes rond de vierde dag en vertelde haar overlevingsinstinct haar onomwonden dat ze weer moest eten en drinken. Voor Mia was dit helaas weer een niet terug te draaien en slechte ervaring met dierenartsen. Die eerste ervaring met de vaccinatie en inbrengen van de chip en nu dit, hadden een litteken achtergelaten, een flink litteken. Iedere dag moesten er medicijnen worden toegediend, door middel van verschillende manieren van naaldgebruik. Een infuus om haar vochtgehalte op peil te houden, injecties om antibiotica toe te dienen en nog meer. Ze was met recht een soort naaldenkussen. Ze had er natuurlijk geen idee van dat dit voor haar eigen bestwil was en protesteerde bij iedere injectie een beetje meer. Toen ik haar eindelijk mee naar huis mocht nemen, schreven ze haar heel slim orale medicatie voor om thuis als nabehandeling te geven. De verzorgster van de kliniek liet me bij vertrek weten dat:

"Enige discipline niet overbodig was en als ze mijn paard was, zou ik haar snel laten zien wie de baas is!"

Ik herinner me dat ik braaf knikte om haar te laten weten dat ze gelijk had, maar van binnen dacht ik iets in de trant van:
Oh rot toch op, ik heb deze problemen niet met haar, alleen jullie!

Het was weer een situatie waarin ik niet kon wachten om haar naar huis te brengen, weg van de grote boze buitenwereld. Verrassend genoeg liep ze zowel op de heenweg naar als op de terugweg van de kliniek als een ware professional de trailer op. Ik denk dat ze gewoon te zwak was om nee te zeggen als ze het al gewild had én haar voedende hand en redder was terug.

Mijn gebruikelijke training was conventioneel afgestemd op haar leeftijd. Sommige dingen gingen heel goed, andere gingen totaal niet, zoals haar gedrag naar andere mensen. Haar tweede en derde inenting waren op zijn zachtst gezegd interessant. Dezelfde dierenarts gaf haar de tweede injectie, zes weken na de eerste. Het ging niet veel anders, met in bochten wringen en protesteren en ongeveer een jaar later kwam er een andere dierenarts. De jaarlijkse enting werd met een andere tactiek benaderd. De dienstdoende dierenarts was een vrouw. Ik vertelde haar over onze problemen uit het verleden, hetgeen haar geen zorgen baarde. Ze besloot meteen om niet in de nekspier te vaccineren maar in de borstspier, net boven en in het midden van de voorbenen. Ongekend, wat was ze snel. Voordat het doekje met alcohol goed en wel tevoorschijn was gehaald, herkende Mia de geur. Ze legde haar oren in haar nek om te waarschuwen en bewoog onrustig heen en weer met al haar frustraties gericht op de dierenarts, hetgeen ertoe leidde dat deze haar niet kon aanraken. Het was nu een kwestie van raken of missen. Ze

raakte. Alleen had ze de techniek gebruikt waarbij eerst de naald wordt aangebracht en daarna pas, als het paard rustig is, de spuit met vloeistof. Een zeer gebruikelijke methode bij grote dieren. Ik hoopte dat het zou werken, maar man, het ging van kwaad tot erger. Mia protesteerde tot het punt waarop ik vreesde voor haar veiligheid. Het hielp niet dat de dierenarts haar geduld verloor; het hele gebeuren was een puinhoop.
Uiteindelijk vroeg de dierenarts:

"Hoe is ze als jij haar aanraakt?"

Ik antwoordde, met armen die pijn deden van het tegenhouden van vierhonderd kilo:

"Ik heb geen idee, laten we het maar proberen!"

De waarheid is dat ik geen idee had hoe ze zou reageren. Het paard was aan het vechten voor haar leven met een scherp voorwerp dat uit haar borst stak. Gelukkig stapte de dierenarts naar achter, uit haar ruimte, om mij te helpen om haar te kalmeren. Ik ademde diep in, bande alle negatieve gedachten uit mijn hoofd en liet haar met alles wat ik in me had weten dat ze me moest vertrouwen. Tot onze vreugde kalmeerde ze en er volgde slechts een lichte reactie toen ik de naald heel voorzichtig aanraakte. Ik keek vol trots over mijn schouder naar de dierenarts, die me de spuit aangaf, waarna ik de vloeistof kon inbrengen. Vanaf die dag en vele jaren die volgden, gaf ik haar de jaarlijkse inenting zelf. Dwaas genoeg zag ik er in mijn onwetendheid geen kwaad in dat ik alles met dit paard kon doen en anderen niet. Ik had het zo bij het verkeerde eind. Het was eigenlijk mijn eerste les, al had ik het toen niet door, dat menselijk gedrag de sleutel tot dit paard haar hart was. Zo'n groot paard dat tekenen laat zien van de vechtmodus, die is ingegeven door angst of (ook heel vaak) onzekerheid, kan een nerveus mens creëren. Dit kan weer leiden tot een paard dat angstig of onzeker reageert op deze nervositeit. Een paard bezit niet de gave van logisch redeneren om dit op te lossen, dus zal de mens zijn gedrag moeten aanpassen. Een primaire menselijke reactie bij dit gedrag van paarden, is vluchtig of ongeduldig te reageren, of erger nog, gewelddadig. Ik had nog nooit iemand geweld zien gebruiken naar haar, dit had ik ook nooit geaccepteerd, maar de menselijke manier van doen was al genoeg. Ze hoefden haar geen pijn te doen, ze wist zo wel dat ze haar niet leuk vonden, zeker wanneer ze boos waren.

HOOFDSTUK 2   Deel I

Bewustwording   Een serieus probleem

Het was begin 2003 toen ze drie jaar oud was en het me begon te dagen dat ik serieus hulp nodig had. Ik wist dat ik geen fysieke hulp wilde, nog niet in ieder geval. Mijn kennis en ervaring van toen lieten mij instinctief weten dat geweld of het breken van haar geest het gebruikelijke antwoord op haar problemen zou zijn. Dit paste niet in mijn manier van paarden houden. Ik zocht naar iets anders. De wereld was met grote evolutionaire stappen aan het veranderen en ik wist zeker dat er een andere manier bestond om haar te helpen. Ik wist alleen nog niet hoe.

Een tijdschrift waar ik op geabonneerd was, viel met een luidere plof dan normaal op de deurmat. Nieuwsgierig pakte ik het tijdschrift en zag door het cellofaan een dvd. De inhoud van deze dvd bleek precies te zijn waarnaar ik had gezocht. Het boek De Paardenfluisteraar van Nicholas Evans behoort al jaren tot mijn favoriete boeken en ik heb het zeker al tien keer gelezen. Hoe vaak ik de film heb gezien kan ik niet eens meer tellen en bij het schrijven van dit boek, heb ik soms geluisterd naar de filmmuziek, gecomponeerd door Thomas Newman. Ergens in mijn onderbewustzijn had ik gehoopt dat deze cowboy die beschadigde paarden hielp, echt zou zijn. Tot mijn grote vreugde kwam ik erachter dat dit inderdaad het geval was en dat er zelfs velen waren. Maar in het dagelijkse leven heb je natuurlijk helemaal niets aan een film of een romantisch paardenmeisjes beeld van een cowboy ergens op een idyllische ranch in het wilde westen. Het moment waarop ik het plastic verwijderde en dezelfde avond dat ik de dvd bekeek, is het begin van wie Mia en ik vandaag de dag zijn. Ik luisterde al naar mijn paard, maar nu was ik voor het eerst in mijn leven op het punt aanbeland waar ik echt openstond om te leren haar te begrijpen en de handvatten aangereikt kreeg om dit daadwerkelijk te doen. Het leren zelf vond ik ook heerlijk, want het ging om het enige wat ik met heel mijn hart liefheb, sinds ik zelfstandig beslissingen kan nemen: de prachtige paarden. Vanaf dit moment werd leren een verslaving. Op school was ik een middelmatige leerling, ik grossierde niet in hoge cijfers. De vakken interesseerden me gewoon niet zo, met uitzondering van sport en de artistieke vakken, de leuke dingen zeg maar. Op de een of andere manier gingen de paarden altijd voor alles. Ik heb zelfs bedankt voor het nationale hockeyteam omdat ik mee wilde doen met pony sportdagen. De ironie is dat ik heel goed was in hockey en er niets van bakte bij de pony sportdagen.

Eén van de eerste keren dat ik me bewust werd van het feit dat we problemen hadden, was ongeveer vier maanden voordat de dvd arriveerde. Een groot project op mijn werk zorgde ervoor dat ik veel moest overwerken, zowel doordeweeks als in het weekend. Mijn dagelijkse routine van 's morgens en 's avonds in mijn eentje voor mijn paard zorgen, werd hiermee doorbroken. Vakantie was geen probleem, ik ging meestal in de zomer en dan bleef ze op het land. Ook toen ze later in het jaar problemen had met haar beide achterbenen, kon ze 24 uur op de wei blijven. Hier kom ik later in dit hoofdstuk op terug. Er was een aardig jong meisje dat een zakcentje verdiende door het buiten en binnen zetten van paarden, dekens op- of af doen en stallen uitmesten. Een perfecte oplossing. Ik dacht gewoon haar hulp te vragen en dan zou alles in orde zijn. Ik regelde dat zij Mia 's morgens naar de wei bracht en de stal uitmestte. Als ik 's avonds niet op tijd kon zijn om haar binnen te zetten, zou ik bellen en dan zou zij dit doen. Het meisje was heel aardig en lief en na een gesprekje waarin ik haar waarschuwde dat Mia, *nou ja ehm, moeilijk kon zijn*, stelde ze me gerust. Ze had er alle vertrouwen in want ze was wel moeilijkere paarden gewend en tevreden over haar zelfvertrouwen dacht ik er verder niet over na.

Op de eerste lange werkdag lukte het me om 's avonds zelf naar de boerderij te gaan. Ik was blij want ik was drie uur eerder begonnen met werken dan normaal. Het meisje zei:

"Ze was makkelijk in de stal maar ik moest een halster omdoen om haar deken te kunnen wisselen, ze was een beetje schrikkerig op weg naar de wei, maar verder geen probleem! "

Prima, ik kon werken zonder zorgen. De weken gingen voorbij en als ik het me goed herinner, was ik vergeten om haar te melden wanneer ik weer zelf 's morgens kon komen. Op de betreffende ochtend was ik op tijd om te zien hoe ze Mia uit de stal naar de wei leidde. Mijn mond viel zo snel en ver open dat ik mijn kaak wel had kunnen breken. Hoe had ik zo naïef kunnen zijn? Natuurlijk zei het meisje dat alles in orde was, natuurlijk negeerde ze het duwen, bijten, de kopstoten en natuurlijk lukte het om bij de wei te komen, natuurlijk, natuurlijk, natuurlijk, want voor veel mensen is dit, ook vandaag de dag nog, normaal gedrag. Het was niet haar taak om mijn paard te trainen. Ze had toegegeven dat Mia moeilijker was dan de meeste andere paarden die ze in handen kreeg, maar dit weerhield haar niet. Eigenlijk deed ze het best goed. Ik zag de achterkant van Mia, springend en stuiterend naast het meisje dat zo kalm als ze kon doorliep. Het moment was kort en ik had het makkelijk kunnen missen. Mia draaide haar hoofd en ik zag dat ze haar zo kort als mogelijk onder haar kin vast had, maar wat mijn hart deed overslaan was de ketting over haar neus. Noch het meisje noch Mia had me gezien tot ze terugliep van de wei naar stal. Ik raapte mezelf bijeen en meldde haar vrij neutraal dat ik vergeten was om haar te zeggen dat ik vanaf nu weer zelf zou komen. Zei dat ik contact met haar zou opnemen als we haar weer nodig hadden, bedankte haar en ging verder. Ik zei niets, liet op geen enkele manier blijken dat ik niet blij was met wat ik gezien had. Dit was nou eenmaal wat het was en hoe het toen ging. Ik had in die tijd ook geen oplossing te bieden.

Een knoop in mijn maag was het besef dat alle paarden die ik in het verleden had gehad, cadeautjes van de goden waren geweest. Ze waren lief, makkelijk, bomproof, hapten misschien eens een keertje, maar hadden nooit problemen met mensen. Het werd me duidelijk dat dit moest veranderen. Ze was ook begonnen met het ontwikkelen van problemen op het gebied van vertrouwen in haar omgeving. Serieuze problemen en we hadden er allebei last van. Mia terwijl het gebeurde en ik nadat het gebeurd was. Ik moest iets doen, het moest stoppen. Hetzelfde seizoen en een ander voorbeeld waardoor de schellen van mijn ogen vielen, was toen een goede vriendin van me bang werd om haar eigen paard uit de wei, waarin ook Mia stond, te halen. Gedurende een week was ik hiervan nog niet op de hoogte, want we waren toevallig die week niet tegelijkertijd op stal, maar in het weekend vertelde ze me haar probleem. Iedere keer wanneer ze naar de wei ging, joeg Mia haar weg. En Mia meende het! Ik kon het niet geloven. Ik dacht dat haar paard misschien vlakbij Mia stond en als ze haar paard wilde pakken, dat Mia dan haar oren naar achter legde. Maar nee, wat ik op het punt stond om te ontdekken, was veel erger dan dat. Ze vroeg me om te komen kijken, zodat ze kon laten zien wat er gebeurde en uiteraard voldeed ik aan haar verzoek.

Onze stallen lagen bovenop een heuvel in een smalle vallei, perfect gesitueerd om naar beneden te kijken naar de grazende merries in de wei. Ik wachtte boven en keek hoe ze naar beneden liep. Ik kon horen hoe ze het hek open en dicht deed toen ze achter een haag verdween en vervolgens zag ik haar weer verschijnen toen ze in de wei de heuvel opliep. Op dat moment gebeurde het. Mia was ongeveer 500 meter bij haar vandaan en ik zag duidelijk hoe dit grote zelfverzekerde paard haar hoofd optilde, bepaalde waar mijn vriendin was en zonder twijfel gestaag in haar richting begon te galopperen. Ze stapte niet, ze draafde niet, ze galoppeerde niet hard, het was een doelgerichte korte galop. Op het eerste gezicht kon je denken dat het paard naar haar toe galoppeerde in plaats van op haar af. Mijn vriendin, en waarschijnlijk alle mensen die niet beter weten, bleef stokstijf staan toen ze Mia op zich af zag komen en maakte toen de grootst denkbare fout in deze situatie door heel hard weg te rennen. Ze rende zo hard als ze kon terug naar het hek. Toen ze daar aankwam was Mia inmiddels zo'n twee meter achter haar, met haar oren in haar nek op een manier die niet veel goeds voorspelde. De rest kon ik niet zien, vanwege de haag, maar ik vreesde het ergste en rende naar beneden. Daar trof ik mijn vriendin op haar knieën in de modder. Ze had gelukkig net op tijd over het hek kunnen springen. Ze was enorm geschrokken en bleef maar zeggen dat het haar zo speet. Ik kon het allemaal niet begrijpen en we besloten om iets warms te drinken en de situatie te bespreken. In mijn hoofd nam ik al een diepe duik in een golf van emoties.

Wat ga ik doen?
Ik kan haar niet verkopen!
Misschien moet ik haar verkopen!
Ze had haar wel kunnen doden!

Na een welverdiende kop thee vroeg ik mijn vriendin waarom ze zei dat het haar speet, waarom ze niet boos was; als er iemand spijt zou moeten betuigen, zou ik dat zijn. Ze legde uit dat ze simpelweg begreep dat dit problemen gaf voor mij en Mia. Als dit niet opgelost werd, moesten we waarschijnlijk verhuizen en dat was niet wat ze wilde. De gedachten tolden in mijn hoofd.

Wat als ze dit bij iemand anders had gedaan?
Wat als ze dit bij een kind deed?

Uiteindelijk losten we het op door te zorgen dat Mia niet op de wei was als zij haar merrie wilde halen, of ik ging met haar mee. Helaas moest ze niet veel later haar merrie wegens serieuze medische problemen laten inslapen. Toen haar hart weer begon te helen, kocht ze een nieuw paard, een ruin deze keer, waardoor ze niet meer in dezelfde wei als Mia hoefde te zijn. Voor zover ik weet heeft Mia nooit meer iemand achterna gezeten. In ieder geval heeft niemand me er ooit nog op gewezen en het is nog steeds een mysterie hoe dit precies heeft kunnen gebeuren. Nu ik vandaag de dag paarden beter begrijp, en hopelijk morgen nog beter, heb ik wel mijn ideeën over hoe het zo heeft kunnen escaleren. Ik vermoed dat mijn vriendin, die zo lief en zachtaardig is, zich op een zeker moment geïntimideerd voelde door Mia en dat dit gegroeid is tot waarvan ik die dag getuige was. Misschien is ze de eerste dag een paar passen van Mia weg gestapt en kon ze haar zo op afstand houden, hetgeen daarna een paar meter werd en uiteindelijk een achtervolging. De beweegredenen, waarom dit lui ogende paard, dat ook vandaag de dag niet speelt of groomt met kuddegenoten, zoveel moeite deed om een mens vanaf zo'n grote afstand te achtervolgen, waren geen van ons duidelijk. Ik voelde me verslagen, ze hield echt niet van mensen. Verder hadden we dit jaar een regelmatig leven. Naast onze problemen hadden we vooral veel plezier en leerden een heleboel nieuwe dingen, die een driejarig paard moet weten, waarbij ze naar mij geen moeilijkheden gaf. Ze was mijn alles en het enige waar ik dag en nacht aan dacht.

Diezelfde zomer trok onverwacht iets anders mijn aandacht. Haar achterbenen begonnen raar te doen en letterlijk op slot te gaan, alsof ze verlamd was. Ik zag het op een ochtend toen ik haar uit de stal haalde en later op de dag toen ze langere tijd op dezelfde plaats had gestaan. Het was duidelijk dat ze moeite had om één been van het slot te krijgen. Instinctief vroeg ik haar om achterwaarts te gaan om het been los te krijgen en dit werkte gelukkig. Ze sleepte haar been over de grond totdat het ontgrendelde, waarbij ze lelijke oppervlakkige schaafwonden op haar hoef, kroonrand en kogel maakte. Het leek haar geen pijn te doen, maar het was een afschuwelijk gezicht en ik belde uiteraard de dierenarts. Ik legde de situatie uit, waarbij ze meteen wisten over welk paard het ging door ons eerdere bezoek met de bloedvergiftiging en ze waren bijzonder hulpvaardig.
Het is een verdrietige geschiedenis, hoe meer ik schrijf en denk over ons leven die eerste tijd, hoe meer ik me realiseer hoe tragisch het was dat ze zo jong al als gevaarlijk bestempeld werd. Dit was alleen maar omdat andere mensen haar moesten helpen, terwijl zij dat helemaal niet zo ervaarde. Ik wist dat het alleen

maar erger zou worden als ik niet een manier vond om dit te veranderen.

Een dierenarts kwam op visite. Ze hadden van tevoren gevraagd om haar op stal te houden en beweging te beperken in de hoop dat het probleem duidelijk zichtbaar zou zijn als de dierenarts kwam. Dit werkte perfect en de dierenarts, die haar niet durfde aan te raken wegens de eerdere ervaring zei met zoveel woorden:

"Het ziet eruit als een knie die op slot gaa maar omdat ik haar niet lichamelijk kan onderzoeken, is het minst stressvol haar zoveel mogelijk beweging te geven. Het probleem gaat soms vanzelf over."

Dat was dat. Hij kwam en vertrok binnen vijf minuten. Na een dag of twee was ik niet tevreden. Hij had geen indicatie van tijd gegeven en hoewel ik hem betaalde voor zijn consult, had hij grote haast om weg te komen. Ik hoop maar dat hij ergens anders nodig was. Ik belde weer naar de praktijk om uit te leggen dat ik niet gelukkig was met de situatie. Ik was bang dat ze haar nek zou breken, want het zag er echt afschuwelijk uit als haar knie op slot sprong. Ze adviseerden me om haar naar de kliniek te brengen waar ze in een onderzoek-stand kon voor een volledig onderzoek. Een onderzoek-stand is een kleine ruimte waar paarden veilig kunnen staan, met ijzeren buizen rondom. De ruimte is te klein voor paarden om in te draaien en trappen naar het dienstdoende personeel is ook een stuk lastiger. Ik was opgelucht dat ze wilden helpen en op voorhand met oplossingen kwamen. De aanwezige dierenarts verdient lof, we hadden hem nog niet eerder ontmoet en hij was de eerste professional in haar leven die eerst kennis met haar probeerde te maken. Hij voelde aan dat hij iets met haar moest doen wat zij zou ervaren als iets tegen haar en voordat hij aan de slag ging, deed hij zijn uiterste best om haar vertrouwen te winnen. Ik was sprakeloos en huilde even, snel mijn tranen wegvegend in de hoop dat niemand ze zag, terwijl hij haar iets lekkers gaf, tegen haar praatte, haar aanraakte, eigenlijk alles wat hij kon bedenken om uiteindelijk bij haar achterbenen te kunnen komen. Ze liet tekenen van ontspanning zien, was zelfs geïnteresseerd in zijn inspanningen en het volgende moment sloeg ze met haar staart, stampte met haar voeten en als haar hoofd niet vast was gebonden, had ze gegarandeerd haar tanden gebruikt, vooral omdat de ijzeren buizen voorkwamen dat ze kon trappen. We waren het er over eens dat het voor iedereen beter was om haar te verdoven, zodat hij met succes de benen kon onderzoeken en röntgenfoto's kon maken. De injectie zelf was onplezierig. Ze wist wat er ging gebeuren nadat hij voorspelbaar eerst met alcohol de plek waar de naald kwam had gedesinfecteerd. Ik moest het uiteinde van mijn touw een paar keer om de voorste buis wikkelen om te zorgen dat ik haar stevig genoeg vast had en ze hem niet kon bijten terwijl hij haar via de nek verdoofde. Uiteraard sprong ze op de plaats omhoog en ik had zo'n medelijden met haar. Met alle liefde die ik voor haar voelde, kon ik haar met dit probleem niet helpen.

Op de röntgenfoto's was niet veel te zien, maar na uitgebreid onderzoek van de gewrichten zelf, was zijn diagnose inderdaad dat het hier het op slot gaan van de knie betrof. Dit is een vaak voorkomende kwaal bij paarden die vrij recht op hun achterbenen staan. Het kniegewricht correspondeert anatomisch gezien met het gewricht in de menselijke knie en de knieschijf. Het speelt een belangrijke rol bij het vasthaken van het dijbeen in een soort inkeping, wanneer het paard stilstaat of in rust om het gewricht te stabiliseren en zodoende het paard zijn gewicht te laten dragen op het achterste gewricht, zonder spieren aan te spannen. Dit is de reden waarom paarden lange tijd kunnen blijven staan en in een soort slaapstand kunnen gaan. Wanneer het paard zijn been naar voren zet, glijdt het ligament uit de inkeping, waarbij het been vrij komt. Bij het op slot gaan van de knie, ontgrendelt het mechanisme niet zo soepel, door de stand en daarmee de hoek van de benen. De meeste paarden hebben vrij snel door dat wanneer ze het been een paar passen laten slepen, ze weer kunnen lopen. Ze ontgrendelen hiermee de knie en dit was precies wat ze had gedaan. De mededeling dat het niet

pijnlijk was en zonder operatie behandeld kon worden, klonk als muziek in mijn oren. Het was in feite dezelfde diagnose als de eerste dierenarts gesteld had op de boerderij, maar het was fijn om een second opinion te krijgen voor dit serieuze en enge probleem. Hij nam ook veel twijfel weg door uit te leggen dat ze nog jong was en de kans groot was dat ze eroverheen zou groeien. Het zou goed zijn als ze zoveel mogelijk beweging kreeg, bij voorkeur 24 uur per etmaal op het land en als het over een maand of vier a zes niet beter zou zijn, konden we verder onderzoek doen en een eventuele behandeling bepalen. Dus dat is wat we deden. Ik kreeg een brief mee van de dierenarts met een uitleg voor de staleigenaar waarom ze 24 uur per etmaal buiten moest blijven, in ieder geval gedurende die zomer. Sommige andere paardeneigenaren maakten bezwaar tegen de regeling, omdat ze het niet eerlijk vonden dat Mia deze VIP behandeling kreeg.
Ik vroeg hen:

"Wat moet ik dan doen?"

Het frustreerde me tot op zekere hoogte want als het hun paard was geweest dat dezelfde of soortgelijke klachten had, hadden ze het ook zo gedaan, met dit verschil dat ik er geen vraagtekens bij gezet zou hebben.

De timing van de dvd had niet beter gekund. Ze moest niet alleen meer bewegen vanwege haar knieën die op slot gingen, wat ik op de dvd zag, zorgde ervoor dat ik meer en meer wilde leren zodat ik nieuwe manieren had om haar vanaf de grond te vragen om te bewegen. Ik zal nooit vergeten dat ik het voor het eerst zag; al die verschillende mensen die hun paarden trainden op een manier die ik nog niet kende, waarbij ze heel veel plezier leken te hebben. Allemaal verschillende paardenrassen, op de grond aan het werk aan een touwhalster met een lange lijn eraan of gewoon los, op een groot open veld en waar hun mens ging, volgden de paarden. Ze deden dingen als samen op de grond liggen, paarden gingen zelf trailers in en er was een man die op zijn paard reed, zonder hoofdstel, zonder zadel en hij sprong over serieuze hindernissen. Het was ongelofelijk, het zag eruit als pure magie. Hetgeen echt mijn aandacht trok was dat ze mensen konden helpen met het oplossen van problemen met hun paard. Je hoefde niet naar een clinic te komen, of naar de Verenigde Staten als je dat niet wilde. Je kon gewoon een trainingsprogramma kopen waar je thuis naar kon kijken en in je eigen tempo van kon leren. Ik had zoiets nog nooit gezien en ik had er ook nog nooit van gehoord, maar was onmiddellijk verkocht. Dit kon weleens de enige manier zijn waarop ik mijn meisje kon helpen en ik was onvermurwbaar. Ik wist dat ik alleen op deze manier verder wilde. Toen het studiemateriaal arriveerde, studeerde ik alsof mijn leven ervan afhing. Ik herinner me dat ik het besluit nam om eerst alles te bekijken, te lezen en te beluisteren voordat ik iets ervan met Mia zou proberen. Het kostte me ongeveer een week om alles te bestuderen, in de avonduren en alle vrije momenten die ik tussendoor kon vinden. Ik maakte aantekeningen en moest mezelf geestelijk voorbereiden voordat ik de vereiste oefeningen, psychologie en taal in de praktijk kon brengen, om een nieuw partnerschap te creëren en hopelijk te beginnen met het oplossen van sommige van haar problemen. Een laatste voorval dat bijdroeg tot de neerwaartse spiraal waar haar vertrouwen in mensen in terecht was gekomen, vond plaats niet lang nadat de diagnose van haar op slot springende knie was gesteld. Het viel me op dat ze niet bewoog zoals moest. Ik dacht dat het te maken had met hetzelfde probleem. Gelukkig was de dierenarts die haar de laatste keer had behandeld voor een ander paard op stal die dag en ik vroeg hem om even naar haar te kijken. Ik kan niet in woorden uitdrukken hoe verbaasd ik was bij deze visite. Normaal gesproken protesteerde Mia bij het zien van een dierenarts, of die nu voor haar kwam of voor een ander paard, door haar oren plat te leggen en daarmee te waarschuwen:

"Kom niet in mijn buurt!"

Dit was vandaag niet haar eerste reactie en de dierenarts was net zo verbaasd als ik toen hij haar traditioneel kon begroeten met een zacht klopje op haar hals.

Verbluft dacht ik *was het werkelijk zo simpel?*
Dat kon toch helemaal niet?

Konden de oefeningen van de cowboy die een paar weken geleden op mijn deurmat beland waren, nu al resultaat hebben of had Mia uiteindelijk besloten dat dierenartsen toch wel meevielen, nadat ze bij het laatste bezoek verdoofd was, of misschien accepteerde ze hem omdat hij eerder had geprobeerd om vriendschap te sluiten. In dit stadium wist ik het echt niet. Hij bekeek haar terwijl ze bewoog en adviseerde om er een chiropractor bij te halen. Omdat hij geen officiële diagnose stelde, kreeg ik geen rekening en ik moest vooral doorgaan met waar ik mee bezig was voor het paard. Ik was nu heel opgewonden en wilde het nieuws meteen delen met mijn vriendinnen op stal. Een paar van hen vonden dat ik gek was en zeiden dat ook tegen me met zinnen als:

"Waarom zou je je tijd willen verdoen aan dat soort onzin?"

Dit irriteerde me en tot op zekere hoogte kan het me nog steeds irriteren.

Ik wil graag van het moment gebruik maken om *die onzin* te beschouwen. De meeste mensen toen en ook nu nog wel, verwijzen naar iets waar ze heel weinig vanaf weten. Als ze gehoord hadden van deze training of deze zelf gebruikten, zou ik ze om advies gevraagd hebben, want ik wilde zoveel mogelijk leren. Het verbijstert me hoe mensen een mening kunnen hebben over iets waar ze niets vanaf weten.
Nog erger waren opmerkingen als:

"Je maakt haar kapot."
Waarbij ze zich niet realiseerden dat ik dacht:

"Shit man, ze is al kapot!"

En één meisje praatte helemaal niet meer tegen me. Traditie kan zoveel grip hebben op de realiteitszin van mensen dat ze haast robots worden en als iemand anders dan het lef heeft om de kaarten opnieuw te schudden, wordt diegene opeens bestempeld als lastpak of verschoppeling. Zelfs wanneer ze welbeschouwd niets anders doen dan het beste willen voor hun paard, op een andere manier. Anders is niet meteen slecht. Sterk als ik kan zijn, deed ik in het begin mijn best om hen te negeren. Zo op mijn gemak met de traditionele trainingsmethodes had ik me nooit gevoeld, dus ik ging naar huis en ging door met studeren. Ik was ervan overtuigd dat ik dit zelf kon doen en dat ik alles zou doen wat nodig was om mijn gedroomde partnerschap te bereiken. Ik maakte een afspraak met een lokale en goed aangeschreven chiropractor, die een paar dagen later kwam om Mia te onderzoeken en eventueel te behandelen. Ik kon niet wachten om uit te vinden of hetgeen ervoor gezorgd had dat ze zich anders had gedragen naar de dierenarts, echt gewerkt had. Of haar acceptatie van mensen die haar benaderden en wilden helpen geen toevalstreffer was of dat het een ware nachtmerrie zou worden. Bij het consult legde ik uit dat ze sensitief was, dat ze wat problemen met vreemden had en met enige trots in mijn stem vertelde ik dat ik met gerichte training bezig was om haar te helpen bij deze problemen. De mevrouw in kwestie die, laten we dat niet vergeten, een behoorlijk bedrag betaald kreeg om ons haar diensten te verlenen, was wat je noemt, niet mijn type. Zodra ze uit haar auto stapte en we kennismaakten, had ik er geen goed gevoel bij. Ontegenzeggelijk had ze veel verstand van zaken en veel ervaring met paarden, anders had ik haar niet ingehuurd, maar ik kon geen oogcontact maken en ik denk niet dat ze hoorde wat ik probeerde over te brengen. Ik had er spijt van dat ik haar Mia's verhaal verteld had en vroeg me af of het anders was gelopen als ik het niet had gedaan. Net als de dierenarts vroeg ze om Mia eerst aan de longe te bekijken, op de cirkel en waar mogelijk een paar rechte lijnen. Verbazingwekkend genoeg was Mia, die zelfs op haar beste dagen aan de longe nogal onstuimig kon zijn, heel coöperatief. Na me wat instructies te hebben gegeven zoals heen en weer stappen, een stukje draven, kwam op enigszins ongeïnteresseerde toon haar diagnose. Ze zag dat ze wat ongemak had in haar heupen en bekkengebied, gevolgd door een vervelende opmerking op een sarcastische toon:

"Ik zie geen probleem met haar gedrag."
Nou ja dacht ik *we hebben ook nog niet de tijd gehad om alles toe te lichten.*

De echte deal breaker was of ze Mia kon aanraken en zo vroeg in het consult, dat in mijn ogen niet zo prettig verliep, wilde ik niets liever dan dat ze mijn paard hielp indien mogelijk en zou vertrekken. We brachten Mia terug naar haar stal en hier begon het uiteraard. Terugkijkend was dit één van mijn vroege lessen, niet alleen van dit prachtige paard maar ook in het leven. Ik kon Mia bijna horen zeggen, misschien zelfs eisen:

"BESCHERM MIJ."

En voor het eerst in haar leven deed ik dat. Ik had eindelijk de moed om voor haar op te komen en NEE! te zeggen. Terwijl ik haar de stal in leidde en voordat ik de kans had gekregen om haar om te laten draaien in de beperkte ruimte, duwde de vrouw het niet zo kleine paard tegen haar billen om haar sneller te laten omstappen. Laten we niet vergeten dat ze net nog had gezegd dat het paard last had van haar heup en bekken, dat het paard moest leren omgaan met knieën die soms op slot gingen, hetgeen ik de dame had verteld en dat ze ook wist dat de merrie beschermend en gevoelig kon reageren op vreemden. Het mag ook niet onvermeld blijven dat ik het paard liet draaien met haar aan de buitenkant, waarbij ik in de verste hoek links achterin stond, toen ze haar bijna omduwde. Ik weet niet waarom ze dit deed; het voelde alsof het uit een lelijk plekje binnenin haar kwam, misschien wilde ze haar autoriteit over ons laten gelden, ik heb werkelijk geen idee. Hoe dan ook, voordat ze haar arm goed en wel had weggetrokken, probeerde het verontruste paard zo snel de draai af te maken dat ze bijna omviel. Gelukkig had ik besloten om een touwhalster te gebruiken, dit was genoeg om haar op een paar centimeter te beletten om deze domme vrouw aan te vallen. Ik was furieus en er was nog niet veel gezegd maar de vrouw wist dat ze te ver was gegaan. Terwijl ik Mia probeerde te kalmeren wist ik nog iets uit te brengen als:

"Wil je in ieder geval de beleefdheid opbrengen om de deur achter je dicht te doen?"

Wijs genoeg deed ze dat en op het moment dat ze haar hand uitstak om de deur dicht te doen, sprong Mia weer in haar richting. Dit is één van de weinige momenten geweest dat ik dit paard een high five had gegeven als het had gekund, terwijl ik me op hetzelfde moment afvroeg hoe dit mogelijk was. Opkomend voor mijn vriendin zei ik tegen de vrouw dat ze weg moest gaan en dat ik haar zo buiten zou zien. De situatie was heel onplezierig en ik stond inmiddels te trillen van woede. Ik deed Mia's halster af en liet haar achter in haar stal waar ze weer hooi begon te eten alsof er nooit iets gebeurd was. Met tegenzin ging ik naar buiten. Toen ik de vrouw naderde, betuigde ze direct spijt terwijl ik in eerste instantie niets kon uitbrengen. Ze vroeg me om haar een tweede kans te geven en zei dat ze zich niet gerealiseerd had het menens was met dit paard.
Ik vroeg haar:

"Welk deel van de zin dat dit paard problemen heeft met vreemden die haar aanraken begreep je niet?"

En met zoveel woorden vroeg ik haar:

"Wat geeft jou het recht om een paard welk paard dan ook, op deze manier te duwen?"

Ze liet me bijna geloven dat het was omdat ze haar wilde helpen de draai te maken en in mijn naïviteit tuinde ik er eigenlijk gewoon in. Mijn hele leven en ook vandaag de dag nog, probeer ik het beste in mensen te zien. Het heeft me altijd en zal dat waarschijnlijk ook blijven doen, problemen gebracht. Niet een heel slecht zwak punt denk ik, maar wel één dat ervoor zorgt dat me pijn gedaan wordt. In dit specifieke geval vertrouwde ik haar en we besloten het nog een keer te proberen, nu met het paard buiten. Zo ging ik naar binnen, de beslissing al betreurend, om Mia te halen. Diep van binnen wist ik al dat het niet zou werken. De vrouw probeerde deze keer eerst vrienden te worden door haar hand aan te bieden waar Mia passief aan knabbelde. Veel te snel kwam de vrouw dichterbij om haar nek te aaien en ze stapte verdedigend achteruit, schuddend met haar hoofd en zwaaiend met haar staart. Niet één keer haalde ze haar opengesperde ogen van de vrouw. Mia zei al nee en net toen ik genoeg moed vond om te zeggen:

"Weet je wat, ik heb me bedacht, ik betaal je voor je tijd en we laten het hierbij!"

Stapte de vrouw naar Mia's zijkant en probeerde haar daar aan te raken. Het gebeurde allemaal weer razendsnel. Mia sprong naar haar toe, hard genoeg om haar op de grond te gooien; ik kan me niet eens herinneren dat ik zag hoe Mia het deed. De grootste en laatste vergissing die ze maakte was dat ze boos werd en terwijl ze opsprong maakte ze een trappende beweging in de richting van haar buik. Mia stond net iets te ver weg om de schop te incasseren en de vrouw verloor haar evenwicht en viel weer achterover op de grond. Het was ongelofelijk. Ze krabbelde weer omhoog, deze keer alleen mij aankijkend. Ik hield Mia achter me in een poging om ze tegen elkaar te beschermen. Het volgende moment vergde al mijn moed; de vrouw, die groter was dan ik, recht in de ogen kijken en iets vervelends zeggen als:

"Blijf uit de buurt van mijn paard en mij, anders geef ik je aan, WEG WEZEN NU."

Gelukkig bleef Mia rustig achter me staan, alsof er niets gebeurd was. De vrouw gaf gehoor aan mijn verzoek en vertrok. Een paar meisjes die stallen aan het uitmesten waren, kwamen op de commotie af, maar het was te laat. Ik heb geen stuiver betaald en we hebben de vrouw nooit meer op het erf gezien. Eerlijk gezegd heb ik nooit meer iets van of over haar gehoord. Na een lekker kopje thee en even kletsen met mijn vriendinnen besloot ik hun suggestie te volgen. De dierenarts bellen en vragen of Mia daar in de onderzoek-stand, verdoofd, door een chiropractor behandeld kon worden. Dit bleek vaker zo gedaan te worden en ze raadden een andere chiropractor aan die de behandeling kon doen. Volgens mij ging ik de volgende dag met Mia naar de dierenarts waar ze licht verdoofd de behandeling onderging. Ze had inderdaad wat blokkades in het gebied rond haar heup en haar hamstrings waren wat gespannen, maar de rest van haar lichaam was in tip top conditie. We spraken geen vervolgbehandeling af; als ik met een dag of tien geen verbetering zag, moest ik weer contact opnemen of als het achteruit ging uiteraard. Na drie dagen zag ze er al beter uit en ik was opgetogen. Het was het uiteindelijk allemaal waard, *maar was dat wel echt zo?*

HOOFDSTUK 2   Deel II

Onder andere   De dageraad van alles en niets

Gedurende die eerste drie jaar van haar leven waren er af en toe wat verwondingen, opgelopen in de wei door een trap of wat krassen door de aangrenzende bomen en ze kreeg een keer ringworm, een cadeautje van een nieuw lid van de kudde. Het klinkt als vrij veel maar dit zijn de risico's wanneer je paarden in een sociale omgeving houdt. Naast deze kleine algemene ongemakken was ons leven geweldig. We hadden veel plezier samen en ze groeide uit tot een grote indrukwekkend uitziende merrie. De meeste paarden lopen weleens verwondingen op en nadat ze zijn behandeld en zijn genezen, vergeet men snel wat er aan de hand was. Helaas was dit niet het geval bij Mia. Na een paar ervaringen kwam ik erachter dat haar negatieve gedragspatronen veel erger waren als ik niet in de buurt was en dat het vooral afhing van de houding en intentie van de aanwezige persoon. Ik leerde intuïtief om sommige mensen op afstand te houden, het werd een soort tweede natuur om dit te doen. Zo gewoon zelfs dat ik vergat hoe het zou zijn als ze niet zo was. De trieste waarheid is dat er niemand was die me iets anders kon adviseren. Niet zonder haar te slaan, of hulpmiddelen te gebruiken of haar te dwingen om getraind te worden. Ik weigerde om dit te laten gebeuren. De meest relaxte momenten waren wanneer ze omringd was door mensen waar ze geen problemen mee had, bijvoorbeeld mijn beste vrienden. Zij konden haar aanraken, aan de hand meenemen, haar dekens op- en afdoen, eten geven en alles eigenlijk. Het waren de mensen die iets van haar wilden op het gebied van gezondheid of dierenartsen of mensen die gewoon geen *gevoel* voor haar hadden. Overblijfselen hiervan zijn vandaag de dag nog in haar te herkennen. Hoewel de nood om zichzelf te verdedigen door middel van vechten zo goed als verdwenen is, tenzij een dierenarts een naald moet gebruiken en dan nog hangt het af van de persoon in kwestie. Ik zal ervaringen hiermee later in dit boek nog beschrijven maar vandaag de dag zal ze, als ze iets niet begrijpt of niet leuk vindt, wegrennen en zich schuil houden. Ze vlucht liever dan dat ze vecht en ze is razendsnel in het trekken van haar conclusies.

Wanneer we het hebben over *gevoel* zijn er vele contexten mogelijk. Met betrekking tot paarden moet het gevoeld en ervaren worden. Bij alles wat we met ze doen geldt dat het belangrijker is om te voelen dan dingen onder woorden te brengen. Toch zal ik proberen iets uit te leggen. Stel dat ik me in een groep vreemde mensen bevind en om wat voor reden dan ook beginnen ze van achteren en van opzij tegen me aan te duwen. Hierdoor word ik tegen de mensen voor me aangeduwd en zal ik waarschijnlijk instinctief terugduwen, waarbij het me niet zou kunnen schelen of ik mijn elleboog in iemand anders zet, zeker als uit alles blijkt dat het hun ook allemaal niet kan schelen. Maar als ik in hetzelfde scenario omringd word door mensen waar ik om geef, dan proberen de mensen achter me om mij te ontzien en ik zal ook proberen iedereen te ontwijken en om niemand pijn te doen. Ik doe dat automatisch omdat ik gevoel voor ze heb, om ze geef, iedere cel in mijn lichaam en iedere gedachte in mijn hoofd zegt 'ik wil je geen pijn doen'. We moeten paarden voelen; we moeten ze aanraken alsof we van ze houden, bij ieder contact bij iedere interactie. Weet je, als er één ding is dat ik geleerd heb deze afgelopen twee decennia, dan is het dat iedereen zichzelf kan overtuigen dat ze gevoel hebben voor hun paarden, maar als er ook maar een spoortje gevoel ontbreekt, dan weten paarden dat, ze voelen het. En niet alle, maar sommige paarden zullen je dan op de één of andere manier laten weten dat er iets ontbreekt. Het kan mij persoonlijk niet schelen, welke kleur, welk geslacht, welk ras, welke leeftijd of welk temperament een paard is of heeft, ik weet alleen dat ik gevoel heb voor allemaal en ik ben er zeker van dat zij dit weten. Het kan ze niet allemaal iets schelen, maar ze weten het wel. Het

wordt zo makkelijk vergeten dat paarden de ultieme meesters zijn op het gebied van het lezen van niet alleen onze maar ALLE lichaamstaal. Met hun ten opzichte van ons zo kleine en simpele brein kunnen ze uiteraard een situatie verkeerd inschatten; dit kan hen zo gevaarlijk en onvoorspelbaar maken, want zij analyseren niet, ze doen alleen maar wat zij denken dat goed is. De andere kant van de medaille, en wat ze zo verslavend maakt voor mensen zoals ik, zijn de momenten waarop een paard bijvoorbeeld de bewuste keuze maakt om bij jou te zijn. Er bestaat geen beter gevoel en er zijn geen toevalligheden. Een keuze is gemaakt, ze kunnen niet liegen, ze kunnen niet huilen, het onthult alleen de waarheid over wat ze van je vinden. Mia geeft zo trouw en oprecht om zichzelf dat ik alleen maar achteruit kan stappen en haar kan bewonderen. Ze is een overlever met hoge achting voor haar eigen waardigheid.
Vroeger zou ze gevochten hebben, vandaag de dag loopt ze weg als iets haar niet aanstaat. Soms rent ze zelfs weg, afhankelijk van de houding en energie van de betreffende persoon. Soms raken mensen hierdoor van slag of worden ze boos. Ik heb het dan niet alleen over Mia, maar in het algemeen, ook met hun eigen paarden. Het is niets om je voor te schamen. Je beledigen of kwetsen is niet iets wat een paard interesseert. Heel misschien is het een teken waar je van kunt leren. Soms moet ik inwendig grinniken om boodschappen en afbeeldingen op sociale media of internet die ons eraan herinneren *dat het paard het venster naar onze ziel is* of *het paard is onze spiegel!*
Mensen zien deze dingen, ze lezen het, herhalen het, delen het, dus ze weten het, maar mijn vraag is *brengen ze dit ook in de praktijk?*

Het is moeilijk en helaas kunnen en doen de meesten het niet, anders zouden we minder frustratie zien richting paarden, maar meer naar zichzelf, als ze het wel deden. Mia is een perfect voorbeeld van deze analogieën. Als je haar niet leuk vindt dan voelt ze dat en laat ze dat merken. Als je haar een beetje leuk vindt of gehaast bent, dan voelt ze dat ook en laat ze dat merken. Maar als je de tijd neemt en haar simpelweg als levend wezen

respecteert, dan is ze het liefste en mooiste dier waar ik het genoegen mee heb om mijn tijd mee te mogen doorbrengen.
Eén persoon naar wie ze altijd toetrekt en in wiens gezelschap je haar ogen ziet smelten en glanzen met zachtheid, is mijn vader. Ik denk dat dat komt omdat hij haar echt leuk vindt maar niets van haar wil. Hij grapt altijd dat ze het eerste paard is waar hij niet voor hoefde te betalen; het was door dit paard dat ik volledig op eigen benen kwam te staan of liever gezegd ze was in mijn leven toen dit gebeurde.

Gedurende mijn middelbare schooltijd, tot laat in de twintig en soms ook nu nog, kan ik heel verlegen zijn. Ik vond het vreselijk om te eten in gezelschap van vreemden en voelde me paranoïde als ik het middelpunt van aandacht bleek te zijn. Ik zag er tegenop om een vraag te moeten beantwoorden voor meer dan een paar mensen. Als ik me in zo'n situatie bevond, begon ik te blozen en klopte mijn hart in mijn keel. Het was rond deze tijd tussen 1999 en 2003 dat ik op mijn slechtst was. Ik had af en toe een vriendje, een wisselend sociaal leven en zoals zoveel jonge vrouwen, was ik niet blij met mijn uiterlijk. Ik weet zeker dat dit doorwerkte in Mia en dat dit de basis was voor sommige van onze problemen. Ik had haar nodig, heel erg nodig. Eigenlijk had ik haar veel harder nodig dan zij mij ooit nodig had. Ze werd mijn vertrouwelinge, ze plantte de zaadjes van wie ik wilde zijn, moest zijn en kon worden door haar. Soms gaf ik de zaadjes water, soms deed zij dat. Ik noem haar mijn professor. Al enige jaren en tot de dood ons scheidt, zal ik haar meest toegewijde student en grootste fan blijven.

Datzelfde jaar in 2003 had ik het geluk een bezoek aan Italië te brengen met een vriendin. Ik vond het zo leuk dat ik besloot om terug te gaan die zomer, voor vijf weken, voordat Mia oud genoeg was om echt aan het werk te gaan. Ze was inmiddels enorm, niet alleen groot maar ook mooi rond en ze zag er extreem goed uit. We deden veel samen, zoals naar de paardenkeuring gaan, waar je je paard op zijn paasbest presenteert voor een jury. Ze won veel prijzen. Een voordeel hiervan was dat ik haar iets meer van de wereld kon laten zien en wat levenservaring kon laten opdoen voordat ze de wei opging en in haar nieuwe sterke vierjarige lijf kon groeien terwijl ik weg was. Italië trok me aan om meerdere redenen; één ervan was mijn leeftijd waarop ik me voor het eerst in mijn leven onafhankelijk begon te voelen. Het was een tijd waarin ik kon zijn wie ik wilde zijn en dit voedde mijn zelfvertrouwen. Wat de doorslag gaf, was dat ik me heel gelukkig voelde tussen de mensen die ik daar had ontmoet. Het was een geweldige tijd. Het was ook de tijd waarin ik de man van mijn dromen ontmoette, een Nederlandse jongen die daar tijdelijk woonde, met de naam Jort.

Hij studeerde Italiaans en bleek mijn perfecte match. Het werd al snel een lange afstandsrelatie, gelukkig bleef het niet bij een vakantieliefde. Ik bezocht hem dat jaar nog een paar keer in Italië, voordat hij weer voorgoed naar Nederland ging en mij in Engeland kwam bezoeken. Het was een prettige bijkomstigheid dat in deze periode de goedkope luchtvaartmaatschappijen tegen absurd lage prijzen tickets aanboden. Ik ben een keer naar Italië gevlogen voor ongeveer vijf euro en een keer naar Nederland voor ongeveer vijftien euro. Uiteraard leerde ik ook zijn vrienden kennen en ik merkte dat ik hen miste als ik weer naar huis ging.

Mijn werk in die tijd was fantastisch. Ik was daar ook niet weggegaan als ik niet in een ander land ging wonen. Met veel vrienden en een comfortabele manier van leven had ik niets te klagen, maar na hem lang genoeg te kennen, stond ik ervoor open om nieuwe dingen te ontdekken en uit te proberen. Mijn broer en ik hebben veel gereisd met mijn ouders toen we klein waren en ergens diep van binnen heb ik altijd geweten dat ik ooit ergens anders zou wonen, misschien zelfs wel in een ander land. In die zomer overleed er een jong iemand in onze familie en dit zette me ertoe om mijn hart te volgen. Dus dat is wat ik deed en in januari 2005 nam ik afscheid van mijn familie en vrienden, liet ik Mia door een professionele vervoerder naar Nederland brengen, laadde mijn auto in en reed achter haar aan. Uiteraard had ik alles van tevoren voorbereid en gepland; we hadden een

mooie stal gevonden, tien minuten rijden van ons huis enzovoort.
Het enige wat ik niet had was een betaalde baan, maar ik was
vastbesloten om er één te vinden en drie dagen na de verhuizing
had ik in ieder geval tijdelijk werk. Voorafgaand aan dit alles
was ik begonnen met Mia te rijden. Traditioneel spreekt men van
een paard breken of *een gebroken paard* en grappig genoeg had
ik destijds al wel genoeg kennis om een paard op een
vriendelijke manier voor te bereiden en kennis te laten maken
met het dragen van een mens. Een vriendelijkere term vandaag
de dag is *een paard starten*.
Het was relatief makkelijk, waarbij ik ook vriendinnen had
gevraagd om op haar te zitten die eerste dagen, zodat ze niet
alleen aan mij wende. Ze accepteerde hen natuurlijk, want ze
waren *onze* vriendinnen en na zes of zeven keer rijden, voelde
het zo veilig en vertrouwd dat ik haar meenam voor een klein
rondje bos. Het was alsof ze het al duizenden keren gedaan had
en ik was immens trots op haar. Om de één of andere reden was
na onze goede start en haar vooruitgang met grondwerk mijn
manier van trainen weer wat traditioneler geworden dan de
nieuwe manier waarop we waren we begonnen. Ik moet
toegeven dat we nog wel wat problemen hadden met longeren.
Het was heel lastig om dit grote paard op gang te krijgen en als
me dit eindelijk lukte dan kreeg ik haar niet uit mijn ruimte.
Kreeg ik haar eindelijk uit mijn ruimte, dan galoppeerde ze
voornamelijk in de verkeerde galop om me heen, bokkend en
steigerend, waarbij ze eruit zag alsof ze heel veel energie had.
Destijds zag ik dit zelf niet als een gebrek aan trainingshulpen en
ik zag ook niet in dat ze dit deed omdat ik het toeliet, aangezien
ik niet in staat was om haar gedrag te corrigeren. Ze deed wat ze
dacht dat goed was. Niet veel later kwam ik erachter dat we
meestal linksom longeerden. Een interessant onderwerp als je
bedenkt dat we van jongs af aan leren om alles bij paarden aan
de linkerkant te doen, het paard leiden, opzadelen, het hoofdstel
omdoen, opstijgen etc. Ze plaatste mij aan de kant die voor haar
het meest comfortabel voelde. Ik zag het slechts als iets wat door
de tijd wel zou verbeteren en vanzelf zijn weg zou vinden. Goh
wat zat ik ernaast. Het grappige is dat de training, die ik nu

terzijde had geschoven omdat mijn ego te zwak was om door te zetten, je juist vroeg in het programma leerde om deze problemen te herkennen en op te lossen door gelijkmatig aan beide te zijden met het paard te werken. Mijn brein las het, hoorde het, zag het, maar absorbeerde het niet. Zonder al te veel excuses te willen aandragen, had mijn wervelende romance me ietwat afgeleid. Daarbij kwam nog de druk van mijn omgeving en mijn behoefte aan normale gesprekken als het op Mia aankwam. Dit resulteerde erin dat mijn nieuwe opleiding terzijde werd geschoven. Ik denk dat we een soort vrede vonden samen en ik vraag me vaak af hoe alles gelopen zou zijn als ik niet naar een ander land verhuisd was. Mijn onderbuik vertelt me dat het uiteindelijk hetzelfde zou zijn gegaan.

Mijn toewijding aan haar en de eerdere paarden in mijn leven is nooit minder geworden. Hoewel ik een rijk sociaal leven had, passend bij een twintiger, soms laat naar bed en 's morgens weer vroeg naar stal, heeft dit nooit gevoeld als een zware last. Niets kon mijn liefde voor en verslaving aan hen aantasten. Ik ontgroeide ze nooit. En nu, op deze leeftijd, veertig ten tijde van het schrijven van dit boek, weet ik dat dit ook nooit zal gebeuren. Paarden zijn een manier van leven. Een manier van leven is het hebben van paarden. Het is een vorm van geluk waarvan ik alleen maar kan hopen dat die voor andere mensen op een andere manier ook bestaat.

HOOFDSTUK 2   Deel III

Grote veranderingen   Voorzien en onvoorzien

Daar waren we dan, ik negenentwintig en Mia bijna vijf jaar oud. De eerste maanden ging alles voorspoedig. Ik had parttime werk en deed het rustig aan met Mia zodat ze kon wennen aan haar nieuwe thuis en omgeving. De plek en de locatie die ik had gekozen voor Mia was en is nog steeds waanzinnig mooi. Het is één van de beste plekken om je paard te stallen in deze omgeving. Onroerend goed is extreem duur in onze regio waardoor veel stallen niet zoveel land hebben om paarden 24 uur buiten te laten scharrelen. Wat mij aansprak bij deze stal waren de verschillende opties die geboden werden. Je kon kiezen voor een box waar je paard in de winterperiode 's nachts gebruik van maakte, waarbij ze overdag met elkaar op een grote zandpaddock stonden en dan in de zomer 24/7 op de wei. Deze relatief kleine kuddes waren gescheiden in ruinen en merries. Ik koos in eerste instantie voor deze optie omdat dit het meest leek op onze situatie thuis in Engeland, maar veranderde dit later toen ik me realiseerde dat de andere optie eigenlijk beter bij paarden past. Dit betekende dat ze in een grotere gemengde kudde kwam in een hele grote paddock. De paarden hebben non-stop hooi en een schuilstal, waar ze de hele dag buiten kunnen bewegen in de winter en in de zomer kunnen ze ook van de vrijheid op het land genieten.
Vanaf het erf kon je door een hek direct de aangrenzende duinen in en naar het strand en in de loop van het volgende jaar kon ik voorgoed haar hoefijzers eraf halen. Omdat ze op zowel harde als zachte ondergrond stond, was het een ideaal scenario om, zoals dat in de paardenwereld wordt aangeduid, blootvoets te

gaan. Dit is een ander onderwerp waar ik de afgelopen jaren veel over heb geleerd en ik vraag me weleens af wat ik zou doen als ik terug zou verhuizen naar Engeland waar de ondergrond hard en steenachtig is. Ik ben ervan overtuigd dat we met regelmatig onderhoud aan de voeten en een passend dieet nog steeds zonder ijzers zouden kunnen. Vandaag de dag is het een controversieel onderwerp, waar ik hier niet te diep op inga. Net als met het op stal zetten van paarden, heb ik ook niets tegen hoefijzers, het hangt ervan af hoe ze gebruikt worden en waarom. Het leven in een gemengde kudde leek haar niet te deren. Ze was haar grote vrijpostige zelf, af en toe een trap of wat incasserend wanneer ze geconfronteerd werd door andere paarden en zichzelf slechts verdedigend als ze in de hoek gedreven werd of als ze het anderszins nodig vond. In het begin hadden we wat problemen met het hooi omdat ze voordroogkuil gaven. Of ze niet at door stress vanwege de verhuizing of omdat ze het echt niet lekker vond, weet ik niet. Het was heel anders dan wat ze gewend was en ze viel een paar kilo's af, maar na een paar weken was ze gewend en trok dat weer bij. Het lastige van non-stop hooi aanbieden is natuurlijk dat je niet kunt controleren hoeveel ze eten en in de afgelopen jaren hebben we geleerd om daar mee om te gaan. Het is niet ideaal, maar goed, dat is de keerzijde van je paard op andermans terrein stallen. We kunnen niet alles hebben wat ons ideaal lijkt en we kunnen de regels niet bepalen. Soms voelt het alsof een situatie wat hopeloos is en het beste wat je kunt doen is leren je aan te passen of simpelweg verhuizen. Om eerlijk te zijn maakt het niet uit waar we onze paarden stallen, er zal altijd iets zijn wat minder bevalt. Vergeleken met de andere pensionstallen in de regio was het geen hoge prijs om te betalen in ruil voor alle mooie dingen die we ervoor kregen.

Het was een opwindende en interessante tijd met het leren kennen van een nieuwe cultuur en een andere manier van leven. Een paar van de lokale meiden maakten af en toe een opmerking over wat zij dachten over Mia's ongewone patronen en gedragingen. Niet per se op een vervelende manier, maar ze gaven wel commentaar. Dit was niets anders dan vroeger, maar soms waren de opmerkingen in een andere taal en ik moet toegeven dat ik op dat soort momenten flink last van heimwee had. Ik had nog geen nieuwe hechte vriendinnen, dus het voelde alsof er niemand achter me stond als ik daar behoefte aan had. Niettemin hielden we vol en ik vond eindelijk een voltijds baan in een plaats vlakbij stal. Vaak ging ik op weg naar mijn werk, eerst even langs Mia. Een luxe maar toch iets wat ik heel erg miste in die eerste dagen was dat ik niet achter haar hoefde schoon te maken. Alle taken werden voor je gedaan, dus je kon gewoon komen, je paard doen en dan weer weggaan. Voor mij een soort cultuurschok, want thuis in Engeland wordt deze service vol pension genoemd en om je paard op deze manier te houden was altijd heel erg duur. Hoewel het maandelijkse stalgeld wel wat hoger was dan ik thuis gewend was, kwam het uiteindelijk min of meer op hetzelfde neer omdat er geen bijkomende kosten voor hooi en stro waren. Met als bonus een heleboel vrije tijd.

Het is grappig hoe dingen lopen. Mijn nieuwe baan, waar ik zo trots op was, slokte al snel bijna al mijn tijd op. Ik werkte zestig uur, terwijl ik betaald werd voor veertig. Mijn vorige baan in Engeland was geweldig, met flexibele werktijden. Ik mocht ergens voor tien uur in de ochtend beginnen en weggaan als ik achtenhalf uur gewerkt had, inclusief lunch. Bij mijn nieuwe baan moest ik om acht uur precies beginnen en ik had zoveel te doen dat het in mijn voordeel was om om half acht al te beginnen als ik een lunchpauze wilde. Op alarmerende manieren werd me duidelijk gemaakt dat men niet blij was als ik voor half zeven 's avonds naar huis ging, dus de meeste dagen bleef ik tot zeven uur. Ik werkte twaalf uur per dag en als ik de dag erop iets eerder naar huis ging, had ik de dag daarna opeens nog meer werk dan daarvoor. Achteraf gezien was het gewoon een vorm van emotionele chantage waar ze misbruik van maakten en het verdrietige is dat ik het veel te lang liet gebeuren. Ik bevond me in een kwetsbare positie, dat wisten ze en gedurende bijna negen maanden hield ik het vol. Bij mijn immigratie werden niet al mijn kwalificaties erkend in Nederland zoals in Groot-Brittannië en ik werkte wat je noemt onder mijn niveau. Het salaris was gelijk aan wat ik tien jaar eerder verdiende. In een notendop voelde het alsof me verteld was dat ik naar de hel kon lopen, niet moest klagen maar moest genieten van de reis. Mijn geduld werd op de proef gesteld, maar gelukkig maakten alle andere dingen in mijn leven een hoop goed. Voor een tijdje althans, tot er dingen begonnen te veranderen. Mijn ooit zo vrolijke ik begon teruggetrokken te raken. Mijn karakter en humor veranderden en het meest hartverscheurende van alles was dat mijn relatie met Mia ook veranderde en ik kan je zeggen, niet ten goede.

De eerste zes maanden was ik niet meer naar huis geweest. Vastbesloten dat ik gelukkig ging worden, het allemaal zelf zou regelen en mijn ouders en vrienden kon laten zien dat ik de juiste beslissing had genomen. Op dat moment was het allemaal een leugen, een tijdelijke, maar niettemin een leugen. Ik herinner me dat het in die tijd ook lastiger was om goedkope vliegtickets te kopen, zoals het jaar ervoor, die ik me kon veroorloven met mijn minimale salaris, hetgeen eraan bijdroeg dat ik niet eerder terugging. Ik had ontzettend veel zin om naar huis te gaan, want ik was nog nooit zo lang weggeweest, maar toen het vliegtuig de daling inzette, werd ik heel erg verdrietig bij het idee dat mijn ouders op me stonden te wachten om me op te halen. Ik huilde heimelijk gedurende de landing, bij de paspoortcontrole, waarbij de man zelfs vroeg of alles goed ging, tot het moment waarop ik mijn moeder en vader zag zwaaien. Toen ik bij ze kwam, stak ik mijn kin omhoog en had ik een paar hele fijne dagen bij hen thuis. Terwijl ik daar was, merkte ik hoeveel heimwee ik had gehad, maar na een paar dagen veranderde dit eigenlijk en merkte ik dat ik me verheugde om terug te gaan naar mijn nieuwe thuis en de liefdes van mijn leven: Jort en natuurlijk Mia. Het was ook tijdens deze trip dat ik een flinke knoop in mijn maag voelde als ik aan Mia dacht. Het ging al een paar maanden niet goed, ze was begonnen met weglopen als ik de paddock binnenkwam, als ik dichterbij kwam, moest ik haar omkopen met een wortel om haar halster om te doen en als kers op de taart was ze me minder gaan vertrouwen. Iedere snelle beweging resulteerde in haar achteruit vliegen en soms protesteerde ze in mijn richting met haar oren plat. In het begin sloot ik mijn ogen voor deze eerste tekenen en dacht ik dat ze vanzelf op magische wijze zouden verdwijnen. Uiteraard was dit niet het geval, het werd alleen maar erger. Het werd zelfs zo erg dat, de laatste twee maanden dat ik bij het laboratorium werkte, het zweet in mijn handen stond als ik op stal aankwam. Toen de tijd rijp was, begon ik met dressuurles bij een lokale instructeur. Een heel sympathieke persoon naar wie ik nog steeds mensen doorverwijs als wat ik te bieden heb niet helemaal aansluit op hun wensen.

Het was zomer en dat betekende dat ik naar de wei moest om haar te halen, als ik haar al te pakken kreeg. Als ik haar te pakken had, begon ze rondjes om me heen te rennen of stond ze protesterend op haar achterbenen om te voorkomen dat ik haar meenam, weg van wat ze wilde, haar veiligheid en geluk in de kudde natuurlijk. Ze beschouwde mij niet langer als iets dat veiligheid en comfort bracht en om het nog erger te maken, was ik ook nog eens heel moe, humeurig, altijd lichtelijk gehaast en eigenlijk alles wat ze niet fijn vond aan mensen. Ik hield nog steeds met heel mijn hart van haar, maar ze wist dat ik mijn gevoel voor haar een klein beetje was verloren en dat ik niet voor de volle honderd procent voor haar ging. Mij was geadviseerd om haar eerst te longeren voordat ik ging rijden, zodat ze al moe was en zich misschien iets beter zou gedragen. Dit werkte niet. Het zorgde er alleen voor dat ik ons vergeten probleem bij longeren herontdekte. Ze ging zo verschrikkelijk hard rennen dat ze af en toe bijna struikelde en ze is ook weleens echt gevallen. Ik vroeg zoveel mogelijk advies en hulp en sommige mensen probeerden ons te helpen, maar zodra ze merkten dat het ook hen niet lukte, gaven ze op of legden de schuld bij het paard en bij mij. Dit was niet goed voor mijn zelfvertrouwen. Als ik haar rechtsom wilde longeren, draaide ze na een paar pogingen gewoon linksom waarbij ze met beide achterbenen naar me sloeg als ze me passeerde. In een paar weken tijd werd ze steeds fitter en het duurde wel een uur voordat ze haar energie kwijtraakte. Ik schaam me om toe te geven dat ik het zover had laten komen dat ik misselijk van ellende werd bij de gedachte haar uit het land te moeten halen. Ik trilde van angst bij het omdoen van haar halster en helaas wist ze dat. We kregen ook problemen met dingen als het opzadelen. Ze raakte zo geïrriteerd als ik haar opzadelde dat ze happen nam uit de houten balk waar ze aan vast stond. Om haar hoofstel om te doen moest ik op een krukje staan, anders kon ik er niet bij. Op de één of andere manier lukte dit. Op de zeldzame dagen dat ik durfde te rijden, vertrok ze in een snelle draf of in galop, in een poging om me van haar rug te krijgen en ze ontwikkelde een snelle scherpe stop die mij perfect via haar linkerschouder uit het zadel wierp. Ze was ongelooflijk schrikachtig en alles wat ik deed, leek het alleen maar erger te maken. Weer was er niemand in de buurt die mij goed en degelijk advies kon geven hoe deze situatie het hoofd te bieden. Het was een afschuwelijke tijd voor ons allebei, niet te vergeten dat mijn persoonlijkheid en karakter eronder begonnen te leiden. Mijn enige echte liefde, het enige waar ik meer van hield dan wat ook in de wereld, was me, zo dacht ik destijds, gaan haten. Ik brak.

Hier in het verhaal mag niet vergeten worden hoe het brein van een paard in elkaar zit en functioneert. Als je alles wat ik verteld heb in ogenschouw neemt, zijn haar beslissingen om alleen dingen aan haar linkerzijde te accepteren heel interessant. Waarom alleen linksom aan de longe? Waarom mij altijd over haar linkerschouder eraf bokken? Waarom zette ze mij altijd aan haar linkerkant? Zoals eerder gezegd is het antwoord hierop simpeler dan je misschien zou vermoeden. Als paarden deze geweldige gave hebben om zich aan te passen, moeten ze goede leerlingen zijn. Voor hun eigen veiligheid zijn ze altijd op zoek naar wat voor hun het beste is op ieder gegeven moment. Ingegeven door traditie werd het voor mensen normaal om alles bij hun paarden aan de linkerkant te doen. Dit is nog steeds zo, afhankelijk van de opleiding van de mensen. Je hoeft bijvoorbeeld maar bij een willekeurige manege te kijken om hier getuige van te zijn. Noem het maar, het is meestal aan de linkerzijde; het paard leiden, het paard vastzetten, opzadelen en het hoofdstel omdoen, op- en afstijgen etc. Als je een prooidier bent dat moet overleven, wen je hier snel aan en het voelt op een gegeven moment zelfs prettig omdat het routine is en daardoor voorspelbaar. Dus als je je onzeker voelt of je bent in de war, dan ga je op zoek naar iets wat comfortabel is en dat is de mens aan je linkerkant. Deze informatie is wat mensen en hun paarden in problemen brengt, iedere dag weer en het is ook wat ik dagelijks onderwijs. Je bent veiliger en je krijgt een slimmer dapperder paard als je je gewoonten en vaardigheden aanpast tot het punt dat je paard aan beide kanten mensen accepteert. Ik bedoel bij alles, wandelen, leiden, longeren, opzadelen, trailer laden, alles. Mia zette mij steeds aan haar linkerkant omdat dat vertrouwd was en ze mij daar het beste kende. Bij het rijden had ik zelf een aanname gedaan. Dit lieve rustige paard, dat vaak serieus, tevreden en voldaan leek, had de hele tijd gepraat, maar het probleem was dat ik haar nog niet had gehoord. Natuurlijk, ze had een paar ruiters op haar rug gehad voor we de grote verhuizing aangingen en we hadden af en toe een buitenritje gemaakt, maar haar training was nog niet afgerond. Ik nam aan dat we gewoon verder konden gaan waar we waren we gebleven, na onze pauze wegens de verhuizing naar Nederland. Dit was een grote vergissing, voornamelijk omdat wat ze geleerd had nog niet vaak genoeg herhaald was om in haar langetermijngeheugen te belanden. Ik had eerst weer van voren af aan moeten beginnen. Zelf was ik ook veranderd door alle gebeurtenissen en ik nam aan dat zij dit allemaal aankon en misschien ook voor me zou zorgen, hetgeen ook zo was, maar niet op een manier die mijn menselijke geest kon erkennen. Een soort checklist waar ik op terug kon vallen, ontbrak en ik was me er niet van bewust dat ik er wel één kon hebben. De rust in dat paard, de manier waarop ze dingen verwerkte of leerde en daarna heel ingetogen en stil werd, was de belangrijkste les van allemaal. Ik las het verkeerd, als gehoorzaamheid. Ik zat er helemaal naast. Ze had wel bepaalde situaties doorstaan, maar dat wilde niet zeggen dat ze deze ook accepteerde. Hier wil ik nog een laatste inzicht aan toevoegen. Het is niet met honderd procent zekerheid, maar ik ben ervan overtuigd dat het in belangrijke mate heeft bijgedragen aan haar

ontwikkeling, dat iedere keer dat dit paard iets leerde er voedsel bij betrokken was. Of ze nu leerde om zich opzij te wurmen bij de dierenarts die haar wilde onderzoeken of injecteren, te vechten om te ontkomen aan de chiropractor of bij andere paarden, er was altijd voedsel in het spel, ze werd altijd beloond met voer. Haar overlevingsstrategieën werden rijkelijk beloond; dit paard met haar sterke wil en al haar spierkracht kreeg de brandstof om in al haar onschuld, gevaarlijk te worden. Ik had geen idee. Zij op haar beurt had geen benul van wijken voor en niet bang zijn van druk.
Gelukkig kwam ik in de achtste maand van mijn verschrikkelijke dienstverband weer een beetje bij mijn positieven. Ik was extreem moe, was een paar dagen met ziekteverlof en maakte fouten in mijn werk. Fouten die het bedrijf geld kostten en daar waren ze uiteraard niet blij mee. Het kwam tot het punt dat we het er allemaal over eens waren dat het beter was als ik zou stoppen en een maand opzegtermijn ging in. De eerste week van die laatste maand was ik ziek, extreem vermoeid, leidde ik gewichtsverlies en had ik moeite om te concentreren. In mijn opvoeding had ik meegekregen dat ik deze laatste maand moest werken alsof het mijn eerste was, temeer omdat ik hierna een nieuwe baan moest vinden en niet zat te wachten op een slechte referentie. De tweede week was een soort mist. Ik herinner me dat ik werk overdroeg en dat collega's zich afstandelijk gedroegen. De derde week waren ze zelfs zo brutaal om te vragen:

"Wat kom je hier eigenlijk doen?"

Het was een schok voor me dat iemand die zo hard gewerkt had op deze manier behandeld werd. Ik had er over gehoord en over gelezen, maar om het zelf mee te maken, dat is andere koek. Ik voelde me misbruikt.

Weggaan bij dit bedrijf bleek een zegen en een meevaller was dat ik de laatste anderhalve week uiteindelijk niet meer hoefde te komen werken, wat me de tijd gaf om weer een beetje op te krabbelen. Mijn restje zielige salaris werd netjes uitbetaald en ik kon verder. Ik kon nadenken over alles en een nieuwe baan zoeken, die ik vond in de tegenovergestelde richting van stal. Ik kreeg zelfs twee banen aangeboden, van twee verschillende bedrijven die pal naast elkaar zaten. Dit gebeurde voor de laatste anderhalve week bij het andere bedrijf en ik voelde me direct al beter nu ik daar niet meer naar toe hoefde. Nog steeds moe, al voelde ik me iets beter, begon ik meteen aan het begin van de volgende maand aan mijn nieuwe gekozen baan. Hiervoor had ik nog nooit gehoord van de term *burn out*, of als ik er van gehoord had, had ik er totaal geen aandacht aan besteed. Waarschijnlijk omdat ik er nog nooit mee te maken had gehad. Ik had zojuist mijn eerste ervaren.

Vrolijker nieuws was dat mijn carrière weer in de lift zat. Ik had een beter salaris, goede secundaire voorwaarden, fijne collega's, reguliere negen-tot-vijf werktijden en rond deze tijd besloten Jort en ik ook om te gaan samenwonen. Eerlijk gezegd woonde ik boven hem en hadden we geen nacht gescheiden doorgebracht omdat we om en om bij elkaar sliepen. We vonden dit zonde van het geld en ik trok een verdieping lager bij hem in. Hij was zich bewust van mijn problemen en omdat we geen paarden in onze tuin konden houden, verraste hij me met een konijn en een cavia, die 's avonds voor gezelschap zorgden. Dit hielp en ik was dol op ze. Hij had me ook overgehaald om rond Oud & Nieuw zes weken mee op reis te gaan met hem en vrienden naar Nieuw-Zeeland. Wat Mia betreft, zat ik in een soort moeras en ik had besloten om te stoppen met onze dressuurlessen. Ze was een heel groot huisdier geworden, waar ik met heel mijn hart van hield, maar waar ik niet vaak meer bij in de buurt kwam, omdat ze me angst inboezemde. Als ik al bij haar in de buurt kwam, wilde zij niet bij mij zijn.
Nadat ik ander werk was gaan doen en was gestopt met de traditionele manier van trainen, verzachtte Mia's houding naar mij al snel. Ik kon het zien en voelen. Het was niet genoeg om niet meer bang voor haar te zijn, maar ik voelde het en hoewel ik het destijds niet onder woorden kon brengen, wist ik ook

waarom. Ik weet vrij zeker dat mijn angst voortkwam uit frustratie en een probleem dat veel mensen hebben die met dieren werken, ik had mezelf ervan overtuigd dat alles wat ik deed verkeerd uitpakte. Het gevoel dat ik haar tekort deed was zo groot dat het verlammend werkte. Ik kon er niet mee omgaan en verstopte het. Het was alles bij elkaar en de manier waarop mijn hersens toen functioneerden, dat ik halfslachtig besloot dat het beter was om haar te verkopen. Toen ik eindelijk de moed had verzameld om het hardop tegen Jort te zeggen, voelde ik, terwijl de woorden mijn mond verlieten, mijn hart in tweeën breken. Ik was gebroken en als er een vreemde was langsgelopen had die vast verondersteld dat een geliefde van me was overleden. Het was afschuwelijk. Mijn liefde, mijn droom, mijn zuurstof, mijn beste vriendin, ik was ervan overtuigd dat ze moest gaan.
In de dagen erna liet ik de vragen die ik niet wilde stellen soms toe in mijn hoofd:

Aan wie zou ik haar verkopen en hoe zou ik de verkoop regelen?
Wat als ze dit of dat deed?
Wat als ze er niet mee kon omgaan?

Het was zo pijnlijk. Op de één of andere manier bleef ik functioneren en mijn eerste maand bij mijn nieuwe baan verliep heel goed. Mijn werkgever was ongelofelijk genereus en liet me zelfs zes weken vakantie opnemen, waarvan drie weken als onbetaald verlof. Dat sloeg nogal een gat in mijn financiën maar mijn prachtige partner en bijna verloofde liet me daar niet over piekeren. Net als bij al mijn vorige vakanties en afwezigheden regelde ik dat bepaalde mensen een oogje op Mia hielden, bad dat ze zichzelf niet zou verwonden en een dierenarts nodig zou hebben en vertrok voor wat de reis van mijn leven moest worden.
De abrupte verandering in mijn werk en mijn beslissingen met betrekking tot Mia hadden ervoor gezorgd dat ik erg was aangekomen. Ik woog altijd rond 56 a 58 kilo en ik nu zat ik opeens op 68. Hier werd ik zacht gezegd niet vrolijk van, zeker niet omdat ik werd omgeven door jongens en meiden die

minstens een kop groter waren en in mijn ogen allemaal super slank en knap. Geloof het of niet, het was nog steeds mijn laatste zorg; de hele zes-weekse reis is vooral een vage herinnering. We deden geweldige dingen en ik zal sommige uitstapjes en herinneringen die we maakten nooit vergeten, maar er was steeds een zeurend stemmetje *wat ging ik doen met dat paard van me?*

De goede tijden die we hadden op onze reis werden steeds overschaduwd door de gedachte aan Mia die thuis op me wachtte. We brachten vijf weken door in Nieuw-Zeeland met een stop van een week in Maleisië op de terugweg. Het was hier dat Jort iets zei dat alles veranderde. Hij zag mijn pijn en verdriet en wilde uiteraard helpen. We hadden allerlei scenario's en mogelijkheden besproken wat ik met haar kon doen als we terugkwamen. Ik had al bijna vrede met het plan om haar met pensioen te laten gaan en een boerderij te zoeken in Nederland of één van de buurlanden Duitsland of Engeland, waar ze gewoon haar dagen kon slijten als een wild paard. Het was dit, of ze zou iemand verwonden, of erger nog, zichzelf. Hij zei:

"Waarom probeer je die andere trainingsmethode waar je me over vertelde niet nog een laatste keer, voordat je haar laat gaan?"

Ik wist natuurlijk precies waar hij het over had en als een soort groot alarm in mijn hoofd, ging mijn brein aan. Ik was zo opgewonden dat ik niet kon wachten om het prachtige paradijs waar we waren te verlaten en naar huis te gaan om te zien of het zou werken. Hopelijk klinkt het niet al te egoïstisch maar de hele reis kon me niet meer schelen. Mijn relatie met haar betekende gewoon veel meer voor me. Die nacht kon ik niet slapen. Ik herinner me dat ik naar de golven luisterde die zachtjes tegen de palen van ons hutje klotsten, op één van de mooiste plekken op aarde, terwijl ik me afvroeg of dit zou gaan werken. Hoewel ik het nog niet hardop durfde te uiten, wist iets diep in me dat dit het geval zou zijn.

HOOFDSTUK 3

De weg naar verlossing   Training zonder geweld

Verlossing: de actie of het proces van redden of gered worden van slechte plaatsen, fouten, kwaad of zonde

Na niet veel minder dan 24 uur gereisd te hebben, sprong ik bij thuiskomst meteen op mijn scooter en ging rechtstreeks naar stal. Kort ervoor had ik mijn auto moeten verkopen omdat die Brits was en niet langer dan een jaar met de Engelse kentekenplaten in het land mocht blijven. Aangezien ik niet genoeg geld voor de invoerrechten had, moest ik mijn geliefde auto verkopen en schafte ik de scooter aan. Ik vond het eigenlijk niet eens erg, het hielp me mijn hoofd leegmaken terwijl ik erop reed. Het daagde me ook uit om mijn fantasie te gebruiken bij het vervoeren van grote zakken voer voor Mia naar stal. Al snel was ik een expert op het gebied van vervoer van grote items op mijn 50 cc. Als elke andere Nederlander hield ik de zak voor me in balans tussen mijn korte benen of zette ik deze als een soort passagier achterop. Ik kwam aan op stal waar Mia tevreden in de kudde stond te grazen en met een brok in mijn keel naderde ik haar tot op een paar meter. Hardop zei ik tegen zowel haar als het universum:

"Het komt goed, ik ga ervoor zorgen dat het goedkomt."

Ongeveer 30 minuten gingen voorbij en verdrietig ging ik naar huis zonder haar aangeraakt te hebben, maar ervan overtuigd dat het me zou gaan lukken.

De volgende dag, na wat slaap te hebben ingehaald en onze koffers uitgepakt te hebben, weer thuis te wennen en voor te bereiden om weer te gaan werken, herinnerde ik me dat ik een doos met video's en cd's had meeverhuisd. Ik vroeg me af of ik de waardevolle educatieve dvd's ook had ingepakt. En ziedaar, tot mijn grote vreugde had ik dat inderdaad. Het was een groots moment en ik was opnieuw erg opgewonden. Na een paar dagen onderzoek en studie ontdekte ik dat ze het programma hadden verbeterd en het was verkrijgbaar op nieuwe dvd's, met gidsen en kaarten om je vooruit te helpen. Ik kocht ze onmiddellijk. Iedere avond keek ik, zodra ik thuiskwam, minstens tien minuten, tot wel drie uur, afhankelijk van onze plannen. Ik was verslaafd. Alles was zo logisch en het was alsof iemand me een schatkaart had gegeven, waarbij ik nog wel even moest proberen om de schat te vinden. Jort was geweldig. Hij had een glinstering in mijn ogen gezien die lang weg was geweest en moedigde me aan bij iedere stap.

Zonder spaargeld en bovendien drie weken onbetaald verlof, had ik me nog niet gerealiseerd dat de spullen die ik moest gaan gebruiken, net zo belangrijk waren als de kennis die ik opdeed. Ik had tijdelijk een ander halster gebruikt, ontworpen en gebruikt door een andere paardenman. Het was niet hetzelfde als het touwhalster dat ik eerder had gebruikt en ik begreep het nut ervan niet volledig. Mijn trainingsstick van een paar jaar eerder was ik kwijtgeraakt, maar daar wist ik opnieuw aan te komen en zodra ik het me kon veroorloven, kocht ik ook de rest van de spullen. Deze basis uitrusting is niet mystiek of magisch zoals sommige mensen je willen doen geloven. Het is echter wel een onmisbaar onderdeel in de taal en consistentie die paarden nodig hebben om op deze manier te leren. Ik heb een paar foto's van de eerste weken dat ik deze trainingstechnieken weer begon toe te passen. Het jammere is dat ik, vanwege eerdere ervaringen, te verlegen was en me zorgen maakte over wat andere mensen over me te zeggen hadden als ze me zouden zien trainen. Dus meerdere sessies maakte ik het mezelf moeilijk door uit mijn comfort zone te stappen en haar mee te nemen naar de ingang van de duinen, een paar minuten lopen van het hoofdgedeelte van stal en daar te oefenen. Eén foto toont duidelijk Mia's

gedachten over mij en mijn beslissingen; ze staat recht overeind en zegt:
"Nee, dit kan ik nie." of *"Dit begrijp ik niet."*

Met het geluk dat ik al van kleins af aan met paarden bezig was, leerde ik snel en onmiskenbaar dat ik niets van ze wist. Het paard praatte, maar ik had niet geluisterd. Ik begon meerdere verdrietige waarheden onder ogen te zien en één daarvan was dat ze niet bij mij wilde zijn. Ze wilde alleen maar de veiligheid en het comfort van haar kudde. Het maakte niet uit hoeveel geld ik aan haar spendeerde, hoeveel kussen en knuffels ik haar gaf, dat kon haar allemaal niets schelen.

Al mijn goede bedoelingen ten spijt, boezemde ze me zoveel angst in als we verder van stal gingen, dat ik het na een paar pogingen opgaf. Dan maar liever de starende blikken en ongewenste opmerkingen proberen te negeren en weer terug naar de longeerkraal, midden op het terrein. Gelukkig kwamen mijn logische verstand en wilskracht weer boven water; dit was veel veiliger voor ons allebei en als ik haar om wat voor reden dan ook los moest laten, kon ze niet ver weg rennen. Dit was een keerpunt. Mijn training en overtuiging werden sterker dan de mening van andere mensen. Tot op het bot overtuigd zou ik me door deze mensen niet laten tegenhouden om te doen waar ik weer in geloofde. Zij hadden immers ook geen van allen antwoorden. Althans geen antwoorden zonder enige vorm van geweld of aantasting van de waardigheid van het paard. Ik was zo wanhopig dat ik van iedereen advies wilde aannemen, maar het kwam altijd op hetzelfde neer; of ze wisten het ook niet, of het was de schuld van mij of mijn paard. Niet echt een oplossing. In de derde week bemerkte ik een duidelijke verandering. Ze liet nog steeds verzet zien en ik was nog steeds bang voor haar, maar mijn angst kwam van een andere plek binnenin dan voorheen. Ik weet zeker dat dit kwam doordat ik een paar zekerheden had verworven en antwoord had op een paar van haar vragen. Er was iets veranderd en haar negatieve reacties naar mij werden korter. Het ging best snel en in mijn dagboek maakte ik die week een aantekening dat ze zo ongewoon rustig was. Ik maakte me zorgen dat ze misschien ziek was, maar kwam er al snel achter dat ze alleen maar heel relaxed was in mijn gezelschap en ik was gewoon vergeten hoe dat eruit zag. Ik realiseerde me ook dat Mia, net als alle voorgaande keren dat ze dingen leerde, als ze stil was dingen verwerkte. Het verschil was dat het deze keer iets positiefs was. In zo'n kort tijdsbestek hadden we samen enorme veranderingen teweeggebracht. Een belangrijk detail, en één waartoe ik iedereen probeer aan te sporen om dit zoveel mogelijk te doen, is om te begrijpen waarom dingen gedaan worden zoals ze gedaan worden. Niet het hoe is het belangrijkste, maar het waarom. Vraag je dit altijd af voordat je een oordeel velt! Ik noem dit hier, want het maakte onze progressie een stuk lastiger dan strikt noodzakelijk en ik ben er de persoon niet naar om dit zomaar te negeren. Hoewel ik moet toegeven dat ik soms ongelofelijk naïef kan zijn, ben ik niet dom en ik ben erg gevoelig voor de gevoelens en emoties van anderen. Tot voor kort beschouwde ik dit als een last, maar ik heb inmiddels geleerd om het als een zegen te zien. Ik heb snel door of iemand me niet aardig vindt of over mij of mijn paarden praat en dat is prima, dat gaat nou eenmaal zo in het leven. Ik maak het meestal op uit een stroef of terughoudend gesprek met iemand, een vriend, partner of familielid en de manier waarop hun lichaam spreekt.

Nog een voorbeeld van pesten dat we meemaakten, was na een fijne trainingssessie. Helemaal gelukkig in mijn eigen bubbel met Mia, liepen we nog even samen over het erf. Stalgenoten die op de achtergrond hadden staan kijken kwamen voor ons staan op het smalle paadje waar we liepen en blokkeerden de doorgang. Onvriendelijk werd er tegen mijn schouder geduwd en mij werd verteld:

"Je moet dat niet doen, het is slecht voor je paard en je moet ermee ophouden."

Verbijsterd door deze opmerking ademde ik diep in en vroeg

Mia beleefd om achteruit te stappen, aangezien de weg versperd was. Zo tactvol als ik kon antwoordde ik:

"Ik had geen idee dat jullie wisten wat ik aan het doen was, kan je me vertellen hoe lang je al op deze manier traint, want natuurlijk wil ik graag je feedback krijgen, misschien kan ik nog wat van je leren?"

Een beetje verbaasd stapten ze opzij en zeiden op iets mildere toon:

"Nou ja, dat kan ik je niet vertellen want ik heb het nog nooit geprobeerd, maar dat ga ik ook nooit doen, want wat ik zie bevalt me niet."

In een poging niet te geïrriteerd te klinken, antwoordde ik:

"Dus je komt helemaal naar me toe om me een mening te geven waar ik niet om heb gevraagd, alleen maar om te melden dat je iets niet leuk vindt waar je helemaal niets vanaf weet?"

Toen ze stotterden: *"Nee wat ik bedoel is!"*
Was ik er al klaar mee, met mijn lichaamstaal liet ik dit merken en liep door. Men stapte opzij en terecht, de aanwezigheid en omvang van het prachtige grote paard achter me was voldoende om vier personen in beweging te zetten. Ik kan je vertellen dat ik niet de enige ben die dit soort conversaties honderden keren heeft gevoerd en waarschijnlijk tot in lengte van dagen nog zal moeten voeren. Het is een tweede natuur geworden.

Het zit in de mens om iets wat men niet begrijpt of waar men niet in gelooft, te ondermijnen. Ik denk dat we als soort moeten leren om hier op een andere manier mee om te gaan, met oplossingen te komen in plaats van altijd beren op de weg te zien. Het mooie was dat het trainingsprogramma dat ik begonnen was te volgen, me niet alleen paarden beter leerde begrijpen maar ook mensen. Ik leerde omgaan met de emoties van mensen, zowel die van mezelf als die van anderen, naast die van paarden. Deze confrontaties die voorheen reden waren om in te storten, waren nu middelen om te groeien. Ik werd heel goed in vragen beantwoorden met een wedervraag. Mijn zelfvertrouwen groeide niet alleen ten opzichte van Mia, maar ook in het dagelijks leven. Mijn brein leerde dat het er niet toe deed wat mensen dachten of zeiden, dat het enige wat telde was wat zij dacht en zei. Toen ik eindelijk kon zien dat zij in feite naar antwoorden zocht en probeerde om mij tegemoet te komen, draaide ik 180 graden en gaf haar iets wat ik al heel lang niet gedaan had; mijn hart en verstand, voor de volle honderd procent, gewoon omdat ik de sleutel had gevonden om weer in ons te geloven.

Het begin van 2007 was indrukwekkend, mijn leven veranderde en ik heb eigenlijk nooit meer achterom gekeken. Ik kwam weer wat vaker thuis in Engeland en met inmiddels ook wortels in mijn nieuwe land, voelde ik me een toerist als ik terugging. Een bijzonder moment wat ik nooit zal vergeten was dat Jort, terwijl we samen met Mia wandelden in de duinen, op één knie ging en mij vroeg om zijn vrouw te worden. Ik was in extase, het was als een sprookje. En het was eng. Het betekende namelijk, naast mijn verbintenis aan mijn toegewijde verloofde, ook een definitieve keuze voor wonen in Nederland, weg van mijn familie en vrienden. Deze nieuwe toekomst maakte me onzeker en tegelijkertijd gaf het me vleugels.

De beste herinneringen uit die tijd zijn het weer oppakken van een oude gewoonte, te weten het voor mijn werk naar stal gaan om Mia gedag te zeggen en soms al even met haar te werken. Het was heerlijk om zo vroeg op die prachtige plek te zijn, met de vogeltjes zingend in de bomen en bovendien niemand in de buurt om zijn neus in mijn zaken te steken. Ik kon kiezen welke faciliteiten ik die dag bij mijn training wilde gebruiken en van de weeromstuit verbeterden we in sneltreinvaart. De dingen waar ik doodsbenauwd voor was verdwenen als sneeuw voor de zon en er kwamen mooie simpele gewoonten en vaardigheden voor in de plaats. Het waren de simpele dingen zoals het omdoen van haar halster, hetgeen een wederzijdse afspraak werd, waarbij ik het niet zomaar omdeed, maar haar leerde om mij te helpen het om te doen. In plaats van haar voort te slepen, of nou ja laat ik eerlijk zijn, me door haar te laten voortslepen, leerden we om naast elkaar te lopen, met mij zowel aan haar linker- als rechterkant. Als ik weerstand bemerkte, leerde ik hoe ik haar voorwaarts kon drijven in plaats van haar naar voren te trekken, waarbij ik tegelijkertijd rekening hield met haar drempels en haar daarbij hielp. Dit is slechts een klein voorbeeld, er was en is zoveel meer. Wat ook heel opvallend was, was dat ik had leren communiceren op een manier die zij begreep. Eens onze grootste nachtmerrie, werd longeren één van onze beste vaardigheden. Het ontwikkelde van totale chaos met een oncontroleerbaar rennend paard tot een prachtige choreografie van cirkels, zowel aan een lijn als in vrijheid, waarbij het paard niet vast zit. Ik had geleerd om te reageren op haar energie in plaats van haar emoties en gaf haar zo de kans om verbinding te maken en vragen te stellen. In feite waren er zoveel dingen gaande dat ik geen idee had hoeveel zaadjes ik geplant had. Hier kwam ik pas later achter. Aangemoedigd in het trainingsprogramma om een dagboek van onze ontwikkeling bij te houden, deed ik dit. Het kan je helpen om te zien hoever je al gekomen bent en je inspireren als het even tegenzit.

Natuurlijk was het niet perfect, ik had totaal geen hulp van een professional tot later in 2008, dus ik was autodidact, maar ik was intens blij dat ik een manier van trainen had gevonden waar ik volledig achterstond, die zo logisch was. Het enige wat ertoe deed was uiteindelijk dat ik mijn Mia kon houden. Alle gedachten en ideeën dat ze ergens anders heen moest, waren verdwenen. De kers op de taart was dat we elkaar weer echt leuk waren gaan vinden. Uiteraard bleef ik mezelf de irritante vraag stellen: *Waarom heb ik destijds niet doorgezet?*

Het eerlijke antwoord op deze vraag is denk ik:
Omdat ik er toen nog niet klaar voor was, en nu wel.

Hier waren we. We konden nu dingen samen doen, ook dingen waar ik eerst alleen van droomde. We deden de oefeningen die ik op de eerste, op mijn deurmat gelande, dvd had gezien jaren geleden. Als je me dit een paar maanden eerder had gevraagd, had ik gezegd dat het nooit ging lukken. Er was nog wel iets wat me soms dwarszat. Rijden had ik nog steeds niet gedurfd. Dit kwam later pas en hier kom ik zo op terug. Terwijl we vooruitgingen, begonnen sommige mensen op stal op ons te reageren. Meestal ging ik vroeg in de ochtend om ze te ontlopen, maar als ik overdag ging, zoals in het weekend vaak het geval was, begonnen we interessante en prettigere opmerkingen te krijgen zoals:

"Welk paard is dat?" of *"Heb je een nieuw paard?"*

Het grappige is dat sommige van deze opmerkingen afkomstig waren van de mensen die me een paar maanden eerder nog ongevraagd commentaar gaven. En hoewel ze geen bruikbaar advies paraat hadden, wisten ze wel heel zeker dat deze oeroude trainingstechnieken niet zouden werken. Zelfs al wisten ze er nog minder van dan ik. Ik ben niet boos op deze mensen of de situaties waarin we ons bevonden. Eerlijk gezegd ben ik ze dankbaar. Ze hielpen me om sterker te worden, op het moment dat ik dat nodig had. Uiteraard zag ik dat toen nog niet zo en vandaag de dag kan het nog steeds pijn doen. Dan laat ik me beïnvloeden door hun emoties en voel ik me waardeloos. Maar dat doet er hier niet toe. De boodschap die ik wil uitdragen is dat als je ergens echt in gelooft, je het in ieder geval moet proberen en indien mogelijk er helemaal voor te gaan. Als je opgeeft omdat iemand anders dat zegt, wat voor leven heb je dan? Hoe krijg je dan ooit iets voor elkaar?
Het is een gok ja, maar *is dat niet het hele leven?*

Het betekent hard werken, er zijn geen vaste tijden, er wordt een beroep gedaan op je toewijding en uithoudingsvermogen, zeker als je zoals ik deed problemen moet oplossen. Iedere vorm van werken met levende dieren draagt gevaar in zich, punt. Zowel de positieve als de negatieve opmerkingen gebruikte ik als munitie, met als resultaat dat een handjevol mensen Mia oprecht niet meer herkenden als hetzelfde paard. Sommige mensen bleven erbij dat ik haar had ingeruild, anderen waren geïntrigeerd en heel blij voor ons allebei. We zaten eindelijk lekker in ons vel. Helaas kwam er een nieuwe uitdaging op ons pad omdat er op stal dingen gebeurden waardoor ik me compleet hulpeloos voelde en uiteindelijk gedwongen voelde om haar te verhuizen naar een andere stal.

Het eerste incident was op een dag dat ik op stal aankwam en haar kreupel aantrof. Ze had duidelijk pijn en kon niet op haar linkervoet staan. Het was heel naar om te zien. De dierenarts concludeerde dat ze een hoefzweer had. Dit kon komen doordat ik haar van haar ijzers af had gehaald en de hoef kan dan soms te snel van vorm veranderen, of door een te snelle overgang van voordroogkuil naar gras. Hoewel heel gemeen, kwam ik erachter dat het in Nederland wel vaker voorkwam en goed te behandelen was. Het kon binnen een week over zijn, en gelukkig was dit ook zo. Ze moest wel een paar dagen op stal staan, want ze was kwetsbaar en kon niet lopen. Ik mocht tijdelijk gebruik maken van een box, maar omdat al haar vrienden op het land stonden, kon ze niet tot rust komen en maakte ze zichzelf helemaal gek. De dierenarts schreef een verdovend middel voor, wat ik eerst liever niet wilde geven, maar waarvan ik moet toegeven dat het wel hielp om de scherpe kantjes van haar onrust te halen. Ze werd iets rustiger maar greep iedere gelegenheid aan om over haar staldeur te kijken te roepen naar haar vrienden om ze te vertellen waar ze was. Ik had slapeloze nachten denkend aan allerlei doemscenario's en helaas kwam er één uit. De volgende ochtend kwam ik op stal en trof haar aan met een extreem gezwollen neus. Het was zo erg dat haar hoofd niet meer te herkennen was als het hoofd van een paard. Het leek erop dat ze haar hoofd zo hard tegen de bovenkant van de deurpost had geslagen dat haar neus haast wel gebroken moest zijn. Een telefoontje naar de dierenarts bevestigde dat dit heel goed mogelijk was, maar hij stelde me gerust dat als ze normaal

ademde, niet hoestte of moeite had met ademen, kon eten en drinken en het uiteraard niet erger werd, het dan allemaal in orde zou komen en dat we meer zouden kunnen zien en weten als de zwelling was gezakt.
Na een paar dagen medicatie en behandeling, verdween de hoefzweer en nam de zwelling op haar neus af. Tot ons beider opluchting kon ze terug naar de wei. Ze liet me haar neus zachtjes aanraken en vertoonde uiteindelijk weinig tot geen tekenen van pijn. Gezien onze relatie de afgelopen twee jaar, was ze ontzettend geduldig met me. Maar het was wel een tijdje zichtbaar dat er toch sprake was van een trauma, doordat ze soms kopschuw reageerde, met name bij snelle bewegingen van mensenarmen. Na een paar dagen ging ik haar uit de wei halen en hadden we moeite met het omdoen van haar halster. Ze wilde me helpen maar kon dit simpelweg niet. Het vertrouwen tussen ons was inmiddels zo ver gegroeid dat ik haar mee naar stal kon nemen met het touw rond haar nek, maar een bijdehante opmerking van één van de andere paardeneigenaren, tastte mijn vertrouwen aan, overtuigde me dat het gevaarlijk was en dat ik toch het halster moest omdoen.

Voor de lieve vrede deed ik dat. Tot op zekere hoogte had ze gelijk, er waren immers kinderen op het erf, dus met enige moeite kreeg ik het uiteindelijk voor elkaar om het halster om te doen. Ik leidde haar naar het gedeelte dat bestemd is om je paard te poetsen en te verzorgen en bond haar vast met een traditionele paardenknoop. Op het moment dat ik haar vastzette, wist ik dat ik een fout maakte, maar ik had geen tijd meer om te reageren. Binnen twee seconden trok ze naar achter. Ze trok zo hard en heftig dat ze in paniek raakte. Het halster stond op hoogspanning op haar toch al zo pijnlijke neus. Om ongelukken te voorkomen probeerde ik de spanning van het touw te halen en toen gebeurde het; een groen gele substantie spoot uit haar neus, als een tube tandpasta die heel hard wordt leeg geknepen. Het was niet voor doetjes en bijna niet te geloven. Alles zat onder, de houten balk, de grond bij haar voorbenen, haar voorbenen zelf, heel mijn armen, haar, gezicht en mond. Je kan het vergelijken met het uitknijpen van een reusachtige puist, met als onwelkome bonus een walgelijke stank. Het was zo'n moment dat zich wel in slow motion lijkt te voltrekken. Je bent je akelig bewust van wat er gebeurt, je kunt er niets meer aan doen en dan opeens is het voorbij. Binnen een paar seconden stopte de paniek en het was alsof de infectie die onzichtbaar had liggen sluimeren nu was verdwenen. Ze stond gewoon te staan, met haar hoofd naar beneden en haar lippen likkend. Ik daarentegen was in alle staten, net als een paar mensen die alles hadden zien gebeuren. En weer kon ik de dierenarts bellen. Zij bevestigden dat het inderdaad een ontsteking door het eerdere ongeluk bij de deur was geweest en dat er misschien een klein stukje bot van haar neus was afgebroken dat dit veroorzaakt had. Ze heeft nooit meer een ontsteking gehad en vanaf die dag heb ik nooit meer gezien dat ze er last van had. Wel voelde ik op een dag toen ik met mijn handen over haar gezicht ging een klein deukje in het langwerpige bot wat de neus vormt. Ik had dit verhaal dus ook: *Het paard dat twee benen en een neus brak* kunnen noemen.

Misschien was de situatie voor mijn lieve Mia makkelijker geweest als ze een maatje naast zich had gekregen toen ze verplicht stalrust kreeg, maar de stalregels lieten dit destijds niet toe. Ik was hier wel enigszins verbitterd over. Vandaag de dag zijn de regels gelukkig aangepast, mede door deze gebeurtenis.

Het tweede incident was niet veel later. Helaas had het weer te maken met vreemde mensen zonder gevoel voor Mia en het negeren van mijn wensen. Voordat ik verderga wil ik benadrukken dat het een vervelende en bijzonder onwelkome situatie was, maar dat alle betrokkenen er veel van hebben geleerd. Vandaag de dag draag ik geen van de individuen nog iets na, maar ik vertel het verhaal vanwege de les die eruit kan worden getrokken. Vanwege haar gebruiksaanwijzing had ik met de stalhouder afgesproken dat ik zaken als ontwormen, zelf deed. Gewoon omdat dit beter was voor iedereen en dit ging al een paar jaar goed. Het ontwormen van paarden ging in deze tijd volgens een schema met om de zoveel weken een spuit. Ik dacht dat ik heel duidelijk was geweest over het hoe en waarom van onze uitzonderingspositie. Om de één of andere onverklaarbare reden, was er echter een handjevol mensen wat hielp met ontwormen, dat het dacht beter te weten. Ze hadden allemaal al jaren ervaring met paarden en gingen willens en wetens tegen mijn wensen in. Ik heb er een hekel aan als mensen zulke beslissingen nemen, misschien met oprecht goede bedoelingen, maar zonder alles goed te overdenken. Dit was het moment waarop mijn angsten weer bevestigd werden, met Mia in een hulpeloze positie gemanoeuvreerd, waarbij ze zich genoodzaakt voelde om zichzelf te verdedigen en bijna iemand doodde, twee mensen bijna doodde.

Ze hadden haar halster om gekregen, met behulp van een sappige wortel, hoorde ik achteraf, waardoor ze het half en half had toegelaten. Ze kwamen er al snel achter dat Mia niet van plan was mee te werken in de open ruimte van de paddock. Ze zag de spuit en associeerde die waarschijnlijk met de injectienaald van de dierenarts, waar ze zulke slechte herinneringen aan had. Dus besloot men om haar in een stal te zetten waar ze geen ruimte had om weg te rennen en waar ze haar beter onder controle konden houden. Wat een enorme misvatting. Met deze actie hadden ze niet alleen een paard opgesloten dat heel erg bang was, maar ook een paard dat zich gedwongen voelde alles op alles te zetten om zich te verdedigen. En vervolgens namen ze nog een beslissing met grote gevolgen; ze maakten een lange lijn vast aan haar halster, deden deze tussen haar voorbenen door rond haar ribbenkast, terug door haar voorbenen en terug door het halster. Een oude techniek, gebruikt om paarden een lesje te leren en te laten zien dat de mens de baas is. Het idee was dat ze door aan de lijn te trekken controle hadden over haar hoofd en nek, waarbij ze gebruik maakten van haar eigen kracht en haar tegelijkertijd dwongen zich te onderwerpen. Ik kan alleen maar een diepe buiging maken voor het feit dat ze het überhaupt voor elkaar kregen om de lijn zo vast te maken, maar mocht ik dit ooit nog een keer horen, dan eindig ik zeker in de gevangenis. Ironisch genoeg kwam ik net na deze gebeurtenissen op stal aan.

Het was zo'n commotie dat ik niet eens tijd had om mijn helm af te zetten, laat staan dat ik van mijn scooter kon stappen. Ik werd instant omringd door allemaal mensen die alles hadden zien gebeuren en niet konden wachten om uitgebreid verslag te doen. Iedereen praatte door elkaar en ik begreep er niets van. Het was zo chaotisch dat ik op een gegeven moment dacht dat Mia ernstig gewond of zelfs dood was. Mijn hart en mijn hoofd konden niet verwerken wat er allemaal op me af kwam totdat iemand me apart nam en het hele verhaal vertelde. Het bleek dat mijn paard, waarvoor ik niemand toestemming had gegeven om op deze manier aangeraakt te worden, bijna iemand had vermorzeld door zijn ribben ernstig te kneuzen en verbazingwekkend genoeg de ander niet had gedood toen ze de noodzaak voelde om te steigeren en op haar te landen. Gelukkig kwamen ze vrij met slechts kneuzingen en wat schaafwonden.

Men verwachtte dat ik me schuldig voelde en dat ik excuses zou aanbieden. Ik was echter furieus. Ik kookte over en mijn emoties namen de overhand. De persoon die de tijd had genomen om me het verhaal uit de doeken te doen, had in ieder geval nog gemeld dat Mia in orde was en weer in de kudde stond. Dit wetende ging ik onmiddellijk op zoek naar de gewonde personen. Ze waren er nog en lieten zich troosten door omstanders. Ze zagen me aankomen en ik moet toegeven dat het geen mooi plaatje was. Ze moesten me van de ene afhouden en de andere begon te huilen. Ik was er helemaal klaar mee en realiseerde me dat wat ik ook zou zeggen, niemand zou luisteren. Zodra ik thuis kwam legde ik de situatie aan Jort uit en ging op zoek naar een nieuwe stal.

Ik vond een stal, niet ver van mijn werk, wat best luxe was want nu kon ik in mijn lunchpauze even naar haar toe als ik dat wilde. Het was één van de weinige stallen met land, waar de paarden ook naar buiten konden. Wel een beetje een fabriek, met zo'n 250 paarden op het erf en omdat ze ook nog wedstrijden organiseerden, was het er altijd heel erg druk. Ik verheugde me enorm op het gebruik van alle faciliteiten; drie binnenbakken, twee buitenbakken, drie longeerkralen, waarvan één overdekt, een park om te ontdekken naast de deur en het beste van alles haar stal, met uitloop naar een privé paddockje. Ik had nog nooit zulke huisvesting gezien en in de twee jaar die volgden kenden we goede veranderingen en hadden we veel plezier. Hier begon mijn 'horsemanship' reis pas echt vorm aan te nemen. Ik hield me aan mijn schema door voor mijn werk naar stal te gaan en haar te trainen. Had plezier in het uitmesten van haar stal en ging na mijn werk terug naar stal om haar te voorzien van alles wat ze nodig had tot de volgende morgen. Alleen paardenliefhebbers snappen de therapeutische werking van deze simpele bezigheden en de voldoening die het geeft als alles is zoals je het graag hebt. Ik werd helemaal in beslag genomen door mijn trainingen en het werken aan een betere persoon worden, waarbij ik wist dat het volgen van een minder platgetreden pad zou leiden tot haar acceptatie en vertrouwen van andere mensen. Er waren bepaalde plekken op stal waar we moeite mee hadden. De grote koeienstal was zo'n plek waar ze bijvoorbeeld niet langs durfde te lopen. Door een gebrek aan zelfvertrouwen was ze hier doodsbang. Het betreden van de binnenbak, met de overgang van licht naar donker, was ook een hele uitdaging, maar door vast te houden aan onze principes en de technieken die ik had geleerd, won ik al snel haar vertrouwen. Ik herinner me dat ik de eerste dagen met haar op het erf liep, met de oude gewoonte om haar halstertouw vlak onder haar kin vast te houden. Het slaat totaal nergens op om te denken dat we op deze manier meer controle over ons paard hebben. Zij woog toen ongeveer 650 kilo en ik rond de 65. Ze had me in het verleden al meerdere keren laten zien dat ze me zonder al te veel inspanning, met alleen haar hoofd, letterlijk kon optillen. Ik wist dat wat ik deed niet zinnig was en met wat ik had geleerd, vormde zich een nieuw plaatje in mijn hoofd van hoe het moest zijn. Volgens mij, en dit is ook hoe het mij onderwezen is, helpt het visualiseren van het gewenste einddoel, bij de realisatie ervan. Mijn nieuwe ideaalplaatje was het touw halverwege vasthouden zodat de lus de grond raakte en dan tevreden in hetzelfde tempo naast elkaar lopen. Sommige mensen zullen dit niet zo'n bijzondere prestatie vinden, maar voor ons was het een wapenfeit, ook omdat ik dit overal wilde kunnen en niet alleen op bepaalde plekken. Hoe dit te doen en tegelijkertijd langs de koeienstal lopen of met een relaxed paard aan een lange lijn de binnenbak betreden? Het betekende vooral dat ik paarden eerst moest begrijpen, leren waarom ze deze reacties vertonen. Paardenpsychologie is de laatste jaren in opkomst geweest en vandaag de dag vrij gangbaar, maar toen ik hiermee begon was er nog niet zoveel informatie beschikbaar. Dit is ook meteen mijn antwoord voor de mensen die dit lezen en zich afvragen:

"Wat was er zo bijzonder aan?"

Zonder al teveel in te willen gaan op de details van hoe ik haar trainde en hielp om haar angsten te overwinnen, zal ik wel een paar voorbeelden geven in de hoop anderen, die dezelfde soort problemen tegenkomen, te inspireren om andere antwoorden te zoeken. Alle antwoorden bestaan immers al, je moet alleen je best doen om ze te vinden en dapper genoeg zijn om de eerste stap te zetten. Dit boek is niet bedoeld om je dit trainingsprogramma voor paarden te leren. Het is een manier om succesvol met paarden te zijn, ze te trainen, zowel op de grond als in elke discipline van rijden. Net als bij alle andere trainingsprogramma's zijn de technieken, vaardigheden en methodes niet magisch; je moet er zelf voor zorgen dat het werkt, je moet je aan je principes houden en je instelling moet goed zijn.

De eerste keer dat ik dapper genoeg was om het plaatje in mijn hoofd werkelijkheid te laten worden, zal me altijd bijblijven. Het was een trots en schitterend moment. Als mijn vertrouwen in wat ik aan het doen was niet zo groot was geweest, weet ik niet hoe ik gereageerd had in dezelfde situatie. Nu reageerde ik gepast, hoewel mijn vertrouwen in mensen nog steeds niet groot was. Ik zal niet liegen en gewoon maar toegeven dat het heel oncomfortabel voelde. Het rakelde nare gevoelens van pijn en verdriet uit het verleden op, maar het was een start.
Terwijl we helemaal achter op het megagrote terrein waar de trailers geparkeerd stonden, aan het wandelen waren, kwam er een vrouw op ons afgestormd die zei:

"Wat jij doet is gevaarlijk en weet je niet dat je touw over de grond sleept?"

Ik lachte vriendelijk naar haar en probeerde niet sarcastisch te klinken terwijl ik antwoordde:

"Oh inderdaad."

En zonder ook maar iets te veranderen, liep ik door. Het voelde alsof mijn betere ik tot leven was gewekt en dit was een belangrijke stap in mijn persoonlijke ontwikkeling. Zij wist niet waarom we op deze manier samen liepen; kennelijk was het verkeerd om mijn paard de keuze te geven om naast me te lopen in plaats van haar daar vast te houden. Het punt is dat opkomen voor mezelf en voor Mia normaal begon te worden en dat ik het me minder aantrok.
Het voelde geweldig.

HOOFDSTUK 4   Deel I

Stilte voor de storm   Soms kan je alleen nog geloven

Vriend: een band van wederzijdse
affectie, kameraad, zielsverwant

Ik las ooit een citaat van Blaise Pascal:
De meeste problemen van de mens komen voort uit zijn onvermogen om stil te zijn.
Als we alle uren optellen die de gemiddelde paardeneigenaar per week aan zijn paard spendeert, met inbegrip van de uren die gebruikt worden voor verzorging, klusjes, poetsen en rijden, dan is dit waarschijnlijk meer dan je wil toegeven. Als we nagaan hoeveel van deze uren gebruikt worden om samen met het paard niets te doen, dan is dat waarschijnlijk minder dan je wil toegeven. Traditie, cultuur, omgeving, tijd en manier van leven, kunnen allemaal van invloed zijn op hoe we paarden houden. Wanneer je rekening houdt met het feit dat paarden sociale dieren zijn, die het heerlijk vinden om bij elkaar te zijn, of bij ons, zou je denken dat het normaal is om hiervoor te zorgen, waar op deze prachtige planeet je ook woont. Helaas is dit niet altijd het geval.
Eén van de oefeningen die ik leerde en die ik meteen te gek vond, was om daadwerkelijk tijd met Mia door te brengen zonder iets te doen. Zoals paarden onderling. Deze oefening kan je het beste doen in een rustige omgeving, met alleen mens en paard. Voor Mia en mij was onze nieuwe stal hiervoor de perfecte plek.
Eén van de regels is het paard niet aan te raken, tenzij dit absoluut noodzakelijk is, om bijvoorbeeld je persoonlijke ruimte veilig te stellen, als het paard je komt onderzoeken met zijn neus,

mond of hoeven. We deden dit vaak, vrijwel dagelijks die eerste maanden. Soms als het op het werk wat rustiger was, nam ik langer lunchpauze om even bij haar te kunnen zitten. Het duurde niet lang voordat ik zag dat het echt verschil maakte. Mia gaf mij een persoonlijke les hoe met haar vriendschap voor het leven te sluiten. Het bracht herinneringen terug aan onze eerste week samen, toen ze nog wild was. Ik realiseerde me dat de extra tijd die we toen genomen hadden, om elkaar te leren kennen, een gelijksoortig ritueel was geweest.

Als ultieme test voor onze relatie zorgde ik voor hooi en water en de eerste dagen stond ze daar en at gedurende tien tot twintig minuten voordat ze interesse in me toonde.

Zodra de consistentie van de oefening bevestigd was, toonde ze meteen interesse als ik op een omgekeerde emmer in de hoek van de paddock ging zitten. Het begon ermee dat ze naar me toe kwam, zachtjes met haar neus tegen me aan duwde en nieuwsgierig mijn handen onderzocht. Soms tilde ze een voorbeen op om me met haar hoef aan te raken, zoals voorspeld in de instructies van het trainingsprogramma. Dan bewoog ik mijn armen rustig heen en weer of op en neer, zacht op mijn schoot klappend om het ongewenste gedrag te ontmoedigen. Iedere keer deed ik een nieuwe adembenemende ontdekking. Ik was gehypnotiseerd door haar nieuwsgierigheid, zachtheid, bereidheid en behoedzame beslissing met betrekking tot bij me komen staan. Op deze momenten moest ik mijn uiterste best doen om niet te gaan huilen. Dit grote prachtige paard dat me nog maar kort geleden zoveel angst inboezemde, stelde zich nu voor me open, gebruikmakend van haar eigen taal. Een taal die ik, met al mijn jaren ervaring met paarden, nog maar net was begonnen echt te begrijpen.

Ze heeft drie favoriete posities; één daarvan is zo staan dat haar lijf en hoofd, met beide ogen en lange neus recht voor me zijn, en dan millimeter bij millimeter laat ze haar hoofd in mijn schoot zakken, eindigend met een kwijlvlek en een slaphangende onderlip op mijn knie. Een andere is me zachtjes bij haar buik parkeren en dan heel langzaam komt ze steeds een beetje dichterbij totdat ik bijna onder haar zit. Mijn persoonlijke favoriet is wanneer ze vlakbij me komt staan, na een paar minuten nog dichterbij komt tot ik onder haar nek en tussen haar voorbenen sta, alsof ze me wil beschermen, zoals een merrie haar veulen, en soms terwijl ze staat te dutten, haar hoofd buigt en naar beneden kijkt alsof ze wil controleren of ik er nog ben. Ik bleef variërend van tien minuten tot twee uur bij haar zitten; soms met een boek om te lezen terwijl zij daar stond in, wat ik alleen maar kon aannemen, volle tevredenheid.

Na ongeveer een maand, had ze de positie aangenomen waarbij ze recht voor me stond en met haar lip op mijn knie zou eindigen, maar deze keer had ze het heel druk met het onderzoeken van mijn handen. Paardenneuzen zijn ongelooflijk veelzijdig en vindingrijk. Het is een opmerkelijk stukje anatomie, met een vergelijkbare functie als onze handen. Uitermate zacht en voorzichtig gebruikte ze haar lippen om steeds één van mijn handen om te draaien of te openen en gebaarde ze me deze op te tillen. Eerst las ik haar verkeerd en liet ik mijn hand meteen weer op mijn schoot vallen. Dan begon ze weer net zolang met mijn handen te spelen totdat ik er één in de lucht hield en na een paar geduldige pogingen van haar kant, realiseerde ik me wat ze vroeg. Ik kan niet beschrijven welke emoties ik voelde toen ik snapte dat ze niet wilde dat ik haar hoofd aaide maar dat ze me vroeg om haar aura aan te raken. Ik kwam erachter omdat ze, als ik haar gezicht of per ongeluk een wimper of snorhaar aanraakte, haar hoofd wegdraaide alsof ze me vertelde dat dit niet het goede antwoord was en van voren af aan begon. Wanneer ik duidelijk de ruimte om haar heen streelde, werd haar gezicht onmiddellijk serieus en stil. Het was overduidelijk dat haar ogen, oren, haar energie en haar hele wezen mij lieten weten dat ik haar verzoek gewoon moest inwilligen. Haar befaamde stilte vertelde me dat ze dingen aan het verwerken was. Kort gezegd geloof ik oprecht dat door haar te geven wat ze nodig had, zij mij gaf wat ik nodig had, waarmee we allebei kregen wat we nodig hadden en waarnaar we zo op zoek waren geweest: een authentieke en wederzijdse manier van samen zijn.

Het is minder dan vroeger maar ik ben heel erg gevoelig voor mensen, hun gedachten, hun emoties, de planeet en leven in het algemeen. Toch had ik nooit interesse voor natuurlijke geneeswijzen of energetische zaken. Mia blijkbaar wel. Ze leerde me een soort genezen door aanraken of vorm van reiki en hoe langer ik erover nadenk, kan ik niet anders dan betoverd zijn door haar suggesties. Als we het hebben over genezing zonder verwijzing naar een hogere macht of kracht of de kosmos, maar tussen twee individuen, dan ben ik het er roerend mee eens dat zij een manier aandroeg om ons te helen. Ik hoop dat ik op mijn beurt hetzelfde voor haar heb gedaan. Over goede timing gesproken; het was op een perfect moment in ons leven en het was alsof ze in haar eigen woorden zei:

"Blijf doorgaan met waar je mee bezig bent, ik geniet ervan."

Vandaag de dag is dit nog steeds zo, met dit verschil dat ons wederzijds begrip van onze momenten samen gegroeid is. Er zijn geen woorden voor het gevoel en ik pink vaak een traantje weg als ze me eraan herinnert hoe bijzonder ze is en hoever we gekomen zijn. Bijvoorbeeld als ze naast me gaat liggen of wanneer ik voor haar hurk en in mijn handen wrijf, waarbij ze weet dat wanneer ik ze open doe ze haar hoofd ertussen kan leggen zodat ik haar aura kan strelen. Dit zijn de momenten waarop ik alles kan vergeten, de wereld en haar problemen en soms zelfs die van mij.

Op een zonnige morgen toen ik met haar aan het werk was in één van de binnenbakken, waren de vogeltjes aan het zingen in de nok en de zon scheen volop naar binnen door de grote ramen die de lange zijde domineerden. Het was heel erg warm en toen ik even stopte om het zweet en stof van mijn gezicht te vegen, zag ik twee meisjes bij de deur staan. Ze keken en hadden het duidelijk over ons. Ik huiverde bij de gedachte dat ze ons zouden

storen en van ongevraagd advies zouden voorzien maar tot mijn verbazing verdwenen ze, om de volgende dag weer te verschijnen. Lachend trokken ze mijn aandacht en vertelden me dat zij ook op deze manier trainden en de vorige dag ergens anders heen moesten en me daarom toen niet hadden aangesproken. Het was zo fijn om eindelijk eens mensen te ontmoeten die hetzelfde deden als wij, met wie ik erover kon praten. Ik was helemaal opgetogen. Een paar dagen eerder had iemand een ansichtkaart op Mia's stal achtergelaten. Het plaatje op de kaart was een heks op een bezem.
De anonieme afzender schreef:

"Beste Zowie stop alsjeblieft met je hocus pocus!"

Vroeger was ik waarschijnlijk in huilen uitgebarsten en had ik in zak en as gezeten, maar deze keer niet. Ik pakte de kaart, liep ermee naar het mededelingenbord dat in de kantine hing en schreef onder de tekst een boodschap terug:

"Beste vriend, pas op, ik doe ook aan ZWARTE MAGIE, groeten ZOE."

Je zou kunnen zeggen dat dit heel kinderachtig was om zo te reageren, maar ik moet bekennen dat ik er wel enig genoegen in schepte. Na al die keren dat me ongevraagd verteld werd wat mensen van me vonden of dachten, was mijn kleine duiveltje wakker gemaakt en kon ik erom lachen. Later kwam ik erachter dat een groepje volwassenen, dat vaker bier zat te drinken in de kantine dan dat ze iets met hun paarden deden, waarschijnlijk de boosdoeners waren. Op een dag dat ik met Mia aan mijn zijde voorbij kwam lopen, riepen ze iets in het Nederlands naar me waar ergens de woorden *hocus pocus* bij zaten. Ik lachte naar ze, klapte sarcastisch in hun richting in mijn handen en ging verder met waar ik mee bezig was. Later die dag zag ik toen ik bij mijn auto kwam dat iemand de hele zijkant aan de bestuurderszijde had bewerkt met een sleutel. Toeval misschien, maar als je bedenkt dat de plek naast me, het einde van het parkeerterrein was, waar zelfs een tractor makkelijk langs kon, dan betwijfel ik dat. Ook in diezelfde week, ontdekte ik dat iemand Mia's prachtige manen met een schaar had verknipt. Ik maak geen grapje. Als ik een gemeen persoon was geweest, had ik het misschien verdiend om zo behandeld te worden, maar dat was ik niet. Ik was hoogstens een beetje vreemd vanwege mijn afwijkende manier van trainen. Als iemand zich moest schamen waren zij het.

Gelukkig was het snel vergeten. Ik had een spannend reisje gepland met Mia, we gingen eindelijk naar ons eerste trainingskamp met echte professionals die gekwalificeerd waren om te onderrichten wat ik aan het leren was. Hoewel ik al hele goede dingen over hem gehoord had, had ik de enige officiële instructeur van dat moment, nog niet ontmoet. Hij zat in het zuiden van Nederland, maar gaf nu een vijfdaagse clinic, samen met een instructeur uit Zwitserland, op minder dan een half uur rijden. Ik was ontzettend blij met deze buitenkans en niets kon ons ervan weerhouden om erheen te gaan.

Het was een nieuw begin van onze educatieve reis; omdat ik autodidact was, moest ik wat dingen veranderen en aanpassingen doen. Je kunt niet alles leren van een video. Het begin was moeilijk en een stuk uitdagender dan ik ooit had vermoed, maar toen ik doorkreeg wat de bedoeling was, gingen we met sprongen vooruit. Na geaccepteerd te hebben dat ik sommige dingen nog niet genoeg geoefend had, of zelfs nog helemaal niet geoefend, omdat ik er zelf nog niet aan toe was geweest, was ik aangenaam verrast te ontdekken dat we eigenlijk best goed bezig waren. Ik was super enthousiast en deed mijn best om het *waarom* en niet alleen het *hoe* te begrijpen. Aanwijzingen volgde ik op en het werd enorm beloond; slechts drie dagen later leerde ik om in een grote open ruimte zonder hoofdstel te rijden. De instructeur werd mijn mentor en met het verstrijken van de jaren zelfs een goede vriend. Dankzij hem kon Mia herstellen na haar bijna fatale ongeluk.

Gedurende die eerste clinic had ik de eerste stappen gezet om weer met haar te kunnen gaan buiten rijden. Het was niet makkelijk en ik zal ook niet doen alsof het na een paar keer in de veiligheid van een bak te hebben gereden, allemaal wonderbaarlijk genezen was. Het duurde nog een jaar voordat ik me weer helemaal op mijn gemak voelde. Zelfs onder toeziend oog van een instructeur was er veel moed voor nodig om in de open ruimte te rijden, tussen andere paarden. De enige manier om deze problemen het hoofd te bieden, is ze bij de wortel aan te pakken en dan stap voor stap leren om het brein opnieuw te programmeren om andere antwoorden te zoeken en de bestaande aannames te vervangen. Het werkte en natuurlijk werd alles wat ik leerde beter dan het ooit was geweest. Niet alleen beter dan het met Mia was, maar ook beter dan het met al mijn eerdere paarden was geweest. We hadden zoveel bereikt, de dingen die ons bang maakten waren opgelost, de oncontroleerbare gedragingen die ik zo eng vond waren verdwenen en het paard wat niet zomaar door iedereen aangeraakt kon worden was nu *beter aan te raken.* De vaccinaties waren nog steeds een probleem, maar gelukkig was er de praktijk van een dierenarts gevestigd op hetzelfde erf en na het uitleggen van haar problemen, was de dierenarts er meteen van overtuigd dat het beter was voor iedereen als ik haar zelf injecteerde. Achteraf gezien was het omdat al het andere zo goed ging en ik de injectie maar één keer per jaar hoefde te geven, dat het niet meer voelde als een groot probleem, maar het was niet opgelost en daar zouden we snel weer achter komen.

Hetzelfde jaar kregen Jort en ik de sleutel van ons nieuwe huis en die zomer had ik één van de allerbeste dagen van mijn leven toen ik met hem, in Italië waar we elkaar ontmoet hadden, trouwde. Deze man die mij slechts een paar jaar eerder had ontmoet, zag het goede in mij en twijfelde nooit aan mijn ambitie en inzet. Naast mijn ouders was hij één van de eerste mensen waarvan ik me herinner dat hij me accepteerde als degene die ik werkelijk ben. Ik prijs me gelukkig.
In de lente van 2009 stond ik ongeveer twee jaar op deze stal en na het bijwonen van vele clinics waren we gegroeid naar een niveau waar je niets meer herkende van de voorgaande jaren. We

hadden eindelijk genoeg geld om mijn inmiddels uitgewoonde scooter te vervangen door een klein autootje, een heerlijke luxe om weer te hebben. Op een middag besloot ik langs de oude stal te gaan waar Mia eerst stond, om oude bekenden op te zoeken. Toen ik daar rondliep moest ik toegeven:

"Shit, ik mis deze prachtige plek."

De plek waar Mia nu woonde, was prima, maar miste iets essentieels voor mij en dat was de natuur. De hele locatie was een soort betonnen paardendorp, zonder bomen tussen de stallen. Er waren gebouwen en wegen en als je een vogel wilde zien of wat gras, dan moest je helemaal naar achter, naar het einde van het erf waar de paarden buiten konden staan, of via een lang pad naar het aangrenzende park. Dit viel me vooral op toen ik terugkwam van onze eerste clinic, die werd gehouden in één van mooiste natuurparken in Nederland. Toen we de paarden terug op stal zetten, zag ik meteen hoe grijs en saai het er was. Het maakte de paarden niet uit, zolang ze hun eten kregen, maar het voelde voor mij toch belangrijk. Hierdoor werd de atmosfeer en energie van deze stal voor mij steeds minder prettig. Hoe vaker we uitstapjes maakten naar plekken waar we omgeven werden door bomen, hoe meer het me begon tegen te staan.

Toen ik langs de buitenbak liep, zag ik zes of acht meisjes aan het werk met hun paard op een manier die ik nu zo goed kende. Ik kon mijn ogen niet geloven. Eén van de meisjes die werkstudent was bij de instructeur uit het zuiden, stond nu hier op stal en hield een trainingsdag. Ik werd wakker geschud, was zeer aangenaam verrast en was verkocht. Ik had een maand opzegtermijn en was heel blij om haar terug te kunnen verhuizen. Uiteraard maakte ik heel duidelijk dat niemand Mia een ontwormingsmiddel mocht geven of een dierenarts behandeling mocht laten ondergaan zonder mijn uitdrukkelijke toestemming. Wat er gebeurd was, was door niemand vergeten, dus deze afspraak werd in steen gebeiteld. Waarschijnlijk was er eigenlijk niet meteen plaats voor ons, want ik kreeg pas twee maanden later plek voor de opslag van mijn spullen toegewezen, maar dat kon me niet schelen want ik was ontzettend blij om terug te zijn. Mia was herenigd met haar oude vrienden en ik maakte dankbaar gebruik van de extra tijd die ik nu had, omdat ik geen stal meer hoefde uit te mesten, om meer te trainen. Er liepen nog veel dezelfde mensen rond, maar er waren ook veel nieuwe gezichten, er heerste een gevoel van saamhorigheid. Ik voelde me wel een beetje schuldig dat ik mijn nieuwe vrienden in de steek had gelaten, maar zij zochten hun heil ook als snel elders. We kwamen elkaar nog vaak tegen bij kampen of evenementen. Ik maakte nieuwe vrienden en de sfeer op stal was prettig, met nog maar heel af en toe een ongewenste opmerking. Het leek alsof ze het opgaven om commentaar te leveren, nu er meer mensen waren die op dezelfde manier bezig waren. Ik realiseerde me dat in een kort tijdsbestek, slechts twee jaar, de boodschap van deze trainingsmethode voor paarden en het feit dat deze makkelijker verkrijgbaar was geworden, veel mensen had geholpen om succesvol te worden met hun paard. Net als ik hadden ze misschien wel geworsteld met problemen, of waren ze gewoon op zoek geweest naar een andere en vriendelijke manier van trainen. Zoals vaak bij iets wat succesvol is, kwamen er ook volgers die zich niet strikt hielden aan de zuivere boodschap, technieken, gewoonten en vaardigheden. Soms leek het helemaal niet meer op wat ik geleerd had. Dit gebeurde niet alleen bij ons op stal maar over de hele wereld. De boodschap ging verloren of werd in een andere vorm aangeleerd, hetgeen resulteerde in andere en soms hele slechte voorbeelden. Koren op de molen van de tegenstanders natuurlijk. Ik zou hier tegenin kunnen brengen dat iedere trainingsmethode die in verkeerde handen valt, tot ongewenste resultaten leidt, maar dat is niets nieuws onder zon. Persoonlijk vind ik de enige relevante vraag:

"Wat denkt het dier?"

HOOFDSTUK 4   Deel II

Luister naar de paarden   Volharding in een immorele wereld

Hoe ik de dingen tegenwoordig zie is heel simpel, realistisch en eerlijk. Vandaag de dag ben ik ervan overtuigd dat er iets mis is met iemands opleiding wanneer het antwoord van hun paard altijd: *"Ik kan niet."* of *"Ik wil niet."* Is, iedere keer dat ze met hen werken.

Zeker wanneer er tegen het paard geschreeuwd wordt, of in mensentaal gescholden, hetgeen een paard niet begrijpt, of het paard wordt steeds weer mishandeld en misbruikt met dezelfde hopeloze rituelen. Achteruit gemept met behulp van een zweep, snijwonden veroorzaakt door overmatig gebruik van sporen, of beurs of afgestompt door menselijke hielen, die paarden zo lang schoppen om harder te lopen, dat het niets meer voor ze betekent. Ik zie niet in hoe iemand een mening kan hebben over wat ik doe als zij hun paarden dit soort dingen aandoen. Ik ben de eerste om toe te geven dat ik me ook schuldig heb gemaakt aan sommige van deze zaken, maar het verschil is dat ik besloot dat er meer was en in het proces heb ik geleerd om geen bochten af te snijden om mijn ego te strelen of om mijn paard zijn mond met een neusriem dicht te snoeren om mijn tekortkomingen te verdoezelen. Dit is geen sneer naar alle paardeneigenaren die op een andere manier trainen dan ik, maar het is een feit dat dit soort dingen gebeuren en dat dit zal doorgaan zolang mensen niet beter weten.

Het is jammer dat, zoals ik ook ooit, veel paardeneigenaren die problemen hadden of hebben met hun paardenvrienden, om wat voor reden dan ook, niet beseffen dat ze een probleem hebben of het niet willen toegeven. Meestal omdat het makkelijker is om het gewoon te negeren. De afgelopen acht jaar heb ik veel gezien. Individuen die mij moedwillig lieten weten dat wat ik deed verkeerd of gevaarlijk was, bleken stiekem de technieken te imiteren. Ik moet altijd gniffelen als ze me daarna proberen te vertellen dat wat zij doen iets heel anders is. Toch ben ik het er wel mee eens dat het niet hetzelfde is, want het is de houding en het begrip van het hoe en waarom dat het paard iets leert en niet alleen de techniek. Grappig is ook dat een paar mensen die ooit zo fel protesteerden later zeer succesvolle studenten werden van het programma.

Het punt is dat de kennis die ze vergaarden, afkomstig is van dezelfde bron als waar mijn informatie vandaan kwam. Ze weten dit niet of ze kiezen ervoor om het te ontkennen. Ik ben niet de enige die dit heeft meegemaakt, er zijn tienduizenden van ons, maar goed, het is wat het is. Nu ben ik vooral geïnteresseerd in hoe ik dit kan compenseren. Eén manier is volgens mij krachtiger worden en een beter voorbeeld van de boodschap. Als je er net als ik helemaal voor wil gaan en wil leren om deze methode legaal te onderrichten, fantastisch. Hoe meer zielen, hoe meer vreugd. Dit is hoe ik wist dat ik les wilde geven. Ik realiseerde me dat andere mensen dit ook wilden leren. Sommigen deden dit al, en goed ook. Het waren de mensen die het niet goed of totaal niet leerden, die mijn aandacht trokken. Onthoud goed dat het niet per se uitmaakt welke manier van trainen je gebruikt of welke tak van sport je beoefent, als het dier in kwestie maar gezond en blij is. Wel daag ik alle paardeneigenaren uit zichzelf twee vragen te stellen en eerlijk te zijn over wat ze denken wat het antwoord erop is:

"Zijn ze een goede leraar?"
"Als hun paard een keus had, kwam hij dan de volgende dag weer naar de les?"

Van huis uit zijn paarden ongelofelijk vergevingsgezind.

Sommigen tolereren veel onnodig geweld en zelfs misbruik, soms zelfs levenslang. In hun onschuld staan ze het toe omdat ze niet klagen en daarbovenop geeft het hun eigenaren soms ziekelijk genoeg, een gevoel van succes. Andere paarden kunnen minder hebben en krijgen uiteindelijk problemen met hun gezondheid, of lopen onnodige blessures op door het beschadigen van een pees, spier of ligament of ze krijgen last van hun rug. Dit kan dan weer leiden tot verbitterde eigenaren, of ze worden simpelweg ingeruild voor een ander paard. En dan zijn er nog de anderen, een kleine meerderheid van paarden die net als Mia *nee* zeggen en *dit accepteer ik niet* waarbij de eigenaar, zoals ik, een andere manier zoekt die wel werkt, of het helemaal opgeeft en stopt.

Laten we paarden en honden eens vergelijken; je kunt een hond vrij snel een verbaal commando aanleren zoals bijvoorbeeld zit, blijf of apport. Ze kunnen zelfs getraind worden om naar stemcommando's te luisteren in stressvolle situaties, denk maar aan politiehonden. Met paarden kun je absoluut hetzelfde doen, maar we noemen het dan trucjes, want het is geen betrouwbare taal voor ze en ze luisteren waarschijnlijk alleen in een voor hun veilige omgeving. Met een hoge dosis adrenaline in zijn lijf is het voor een paard niet mogelijk om naar gesproken aanwijzingen te luisteren. Zijn instinct vertelt hem dan te overleven of te vluchten. Bedenk dat paarden meestal hun stem gebruiken als ze stress hebben, gevaar voelen of bevestiging aan elkaar vragen. Als je getuige bent van iemand die zijn paard mondeling een opdracht geeft en het paard wordt vervolgens omdat het niet luistert, gestraft, dan is er iets heel erg mis met dat scenario.

Een woord dat je vaak hoort in de paardenwereld, vooral in de dressuursport waar de paarden gymnastische oefeningen moeten uitvoeren, is lichtheid. Dit betekent zoveel als dat wat we de paarden ook vragen, ze reageren op de lichtste aanraking of het paard is licht op de voorhand zodat hij beter kan werken op zijn achterhand, of de hulpen en aanwijzingen worden zo klein dat ze bijna niet meer zichtbaar zijn. Het intrigeert me altijd dat mensen die hun paarden vooruit sleuren, wegduwen, schoppen, porren of erger, vinden dat ze het recht hebben om te klagen dat hun paarden niet licht zijn. Wat een idioten. Als het paard jouw kracht kan inschatten, die uiteraard in het niet valt bij die van hun, dan baseert hij daar zijn lichtheid op. Om paarden een vorm van lichtheid te onderwijzen, zul je ze eerst moeten laten zien wat het is. Ik geef een voorbeeld. Als ik een paard vraag om naast mij te lopen en hij verzet zich dan zal hij op zijn halster leunen en heel snel uitvogelen dat ik niet zo sterk ben als hij. Dit wordt zijn uitgangspositie voor zijn lichtheid. Als ik het paard vraag naast me te lopen en hij verzet zich, maar ik vind een manier om hem voorwaarts te drijven zonder kracht te gebruiken, dan kan hij er niet achterkomen hoe sterk ik ben en vindt hierin zijn lichtheid. Een klein voorbeeld, maar dat is alles wat het is: het hebben van antwoorden die geen sterke handen, brutaliteit of menselijk ego vereisen. Soms is er gewoon sprake van miscommunicatie tussen student en instructeur. Een leraar kan uren en uren investeren in het opleiden van een student en om wat voor reden dan ook wil het maar niet lukken de student te laten snappen wat hij wil overbrengen. Dan op een dag heeft de student van iemand anders les, die dezelfde informatie geeft, maar op een andere manier die beter aansluit bij de student en dan snapt hij het opeens wel. Dat is niemands schuld, niet die van de leraar en niet die van de student; dit is simpelweg omdat mensen op verschillende manieren leren. Paarden leren allemaal op dezelfde manier, en dat al vele duizenden jaren, dit is niet veranderd.

In 2009 ontketende ik bij mezelf een totale studiegekte. Zo erg dat ik bijna ontslagen werd. Naast het zoveel als mijn financiën toelieten, deelnemen aan trainingen en bijna al mijn vrije tijd besteden aan werken met Mia, keek ik tijdens pauzes maar ook onder werktijd naar de instructiefilmpjes. Ik werd een paar keer betrapt en kreeg uiteindelijk een officiële waarschuwing. Gelukkig was ik goed in mijn werk en kwam ik er na een gemeende verontschuldiging mee weg. Op een gegeven moment werd het voor mij mogelijk om mijn vijfdaagse werkweek terug te brengen naar een vierdaagse, waardoor ik nog meer tijd met de paarden kon doorbrengen. In 2010 kreeg ik de kans om naar de Verenigde Staten van Amerika te gaan om deel te nemen aan een cursus, die me als ik slaagde, kwalificeerde om verder te gaan met deze trainingen en een professional te worden. Met de steun van mijn echtgenoot om een maand van huis te gaan, was dat wat ik deed. Ik slaagde voor de cursus en kwam in aanmerking om aansluitend drie maanden stage te lopen als onderdeel van de verdere opleiding. Na afloop hiervan zou ik direct een gekwalificeerde professional zijn. Ik had eerlijk gezegd nog niet verder gekeken dan de eerste maand opleiding en had niet echt rekening gehouden met dit scenario. Bijna had ik nee gezegd, omdat ik niet zolang bij mijn echtgenoot weg wilde zijn. Ik vond het ook moeilijk om zolang gescheiden te zijn van Mia en niet te vergeten, de financiële lasten wogen zwaar. Op de één of andere manier wisten we er toch een mouw aan te passen. In juni ging ik van huis en in september dat jaar kwam ik weer thuis, trots en gediplomeerd om te onderrichten wat ik geleerd had en vandaag de dag nog steeds aan het leren ben.

In de begindagen, toen ik net kwam kijken als instructeur, leerde ik al snel belangrijke en waardevolle lessen zoals:
Je kunt mensen alle kennis aanbieden, maar je kunt ze niet laten denken of in deze context misschien beter: *Je kunt een paard naar water leiden maar je kunt het niet laten drinken!*

Het is ongelofelijk moeilijk om mensen te laten begrijpen en leren wat jij hen wil onderrichten, zeker wanneer er ook nog een levend, ademend en beslissingen nemend dier bij betrokken is. Het vergt een zekere mate van energie, overtuiging, talent, verbeelding en veel (heel veel!) geduld, om ze te laten leren en ervoor te zorgen dat ze willen blijven leren. Dan moeten ze het ook nog allemaal onthouden en ze moeten er goed in worden. Ik weet zeker dat het in mijn voordeel werkte dat ik ervaring had met een paard met problemen en ervaring met alle omstandigheden die ervoor gezorgd hebben dat wij het op de

moeilijke manier geleerd hadden. Mia leerde mij uit eerste hand en heel persoonlijk hoe een paard met problemen eruit zag en voelde. Van mensen die met eigen ogen onze veranderingen en ontwikkeling hebben gezien, kreeg ik persoonlijk of via internet te horen hoe geweldig die verandering was. Ook vandaag de dag nog krijg ik zulke reacties. Ik ben hier altijd dankbaar voor, omdat het in het verleden zo anders was en het geeft me iedere keer veel voldoening als ik anderen kan helpen en adviseren door wat ik heb meegemaakt in die tijd.
Door de tijd heen werden we onafscheidelijk. Ik zweer dat er inmiddels mensen zijn die mijn verhalen over hoe we vroeger waren gewoon niet geloven. Net als de Amerikaanse Indianen met hun paarden, waren we samen één geworden. Het was mijn oma die ooit toen ik nog heel klein was tegen me zei:

"Je hebt de spirit van een paard in je, je moet leren hoe je die moet omarmen."

Door mijn opleiding en het worden van een professional, voelde het alsof ik begonnen was om mijn belofte aan haar waar te maken. Ik ging nog een paar keer naar de VS om verder te werken aan mijn opleiding en ontwikkeling. Op een gegeven en bijzonder moment maakte ik met Mia de oversteek terug naar Engeland om te kunnen trainen met één van de oprichters van mijn opleiding. Een gedenkwaardige ervaring, waarbij ik Mia in mijn eentje urenlang vervoerde, inclusief de oversteek met de ferry van Calais naar Dover.

Paarden staan erom bekend dat ze een slecht korte termijn geheugen hebben en een ongelofelijk goed lange termijn geheugen. Mia toonde mij dit toen we over de oude wegen reden in de buurt waar ze opgroeide en ze naar haar oude kuddegenoten riep bij het passeren van de weiden waar ze ooit stond. Van een paar paarden wist ik de namen nog toen ze aankwamen galopperen om haar te begroeten. Tijdens deze reis gaven we een kleine demonstratie van wat we deden en waarom en nadat we klaar waren en de rust was weergekeerd, stond Mia daar los in haar paddock starend over de vallei die ooit haar thuis was. Ze hield dit ongeveer twintig minuten vol, zonder te bewegen alleen maar staren en misschien wel dingen overdenkend en verwerkend. Ze zag eruit zoals de eerste keer toen ik haar ontmoette zo'n tien jaar eerder, perfect en stil.

Begin 2012 was er sprake van een nieuw familielid in de vorm van een puppy. Ik had vroeger al de vreugde van een eigen hond gekend, maar sinds ik in Nederland woonde was het er nog niet van gekomen. Weer een hond in mijn leven gaf zoveel voldoening, daar zijn geen woorden voor. Ik gaf inmiddels twee jaar parttime les en kon eindelijk afscheid nemen van de beperkingen van mijn kantoorbaan door zelfstandig ondernemer in de buitenlucht te worden. In deze tijd begonnen me ook andere dingen op te vallen. Hoewel ik de tijd van mijn leven had met het helpen van mensen met hun paarden en ze dingen te leren op een andere manier te doen, die echt werkte, was ik één van de weinige trainers wereldwijd, die geen eigen faciliteiten had. Dit ben ik nog steeds. Zonder ondankbaar te willen klinken, werkte en werkt dit niet in mijn voordeel. Over sommige zaken heb ik simpelweg absoluut geen controle en mensen maken daar helaas misbruik van. Alles wat mensen aan negativiteit kunnen uiten heb ik ervaren, waaronder pesten en verbale beledigingen en het ergste van alles, dit gebeurde ook ten overstaan van mijn klanten. Hierdoor werd ik soms minder serieus genomen, maar tot op zekere hoogte kan ik hier geen invloed op uitoefenen. De positieve kant van het verhaal is dat ik me er niet door laat weerhouden om mezelf en mijn studenten te laten ontwikkelen. Soms voel ik me misschien wel iets verantwoordelijker voor mijn studenten dan zou moeten. De staleigenaar was in ieder geval ongelofelijk hulpvaardig en begripvol en deed er alles aan om het iedereen naar de zin te maken.

Met het risico wat fans te verliezen, kritiek te krijgen en verkeerd begrepen te worden, want er zou een apart boek voor nodig zijn om uit te leggen wat ik wil zeggen, probeer ik het hier toch. Er bestaat helaas een wijdverbreid misverstand dat je om goed met paarden bezig te zijn aan dressuur moet doen en ik zeg je dat dat simpelweg niet zo is. Persoonlijk heb ik een haat liefde verhouding met de sport omdat het mij of mijn paarden in het verleden nooit iets heeft opgeleverd. Deels door pech, dat ik niet de juiste kundige mensen om me heen had of dat ik niet goed genoeg luisterde naar wat ze me probeerden te leren, maar ik werd hoe dan ook geen groot fan van de sport. Tot voor kort was dit zo totdat mensen de bouwstenen lieten zien en met gebruik van psychologie en horsemanship de sport weer leuker maakten.

Dressuur is een discipline, het is niet alles. Dit is een belangrijke boodschap want het is bij uitstek de sport waarin ik zie hoe het ego van de mens de relatie met hun paard verwoest en dat kan anders. Net als de boodschap van Natural Horsemanship, is de ware aard van het ontstaan van dressuur verloren gegaan en het is de hoogste tijd om te zeggen:

"Hé wacht eens even, zo is het niet bedoeld!"

Vandaag de dag zal je me het woord *Dressuur* niet vaak horen gebruiken, ik refereer aan de discipline met gymnastiek of biomechanica.
De oude en de nieuwe meesters zullen je vertellen dat het jaren en jaren kost om zowel een mens als een paard naar een redelijk niveau te laten ontwikkelen. Nog niet zo lang geleden, in de jaren '60 waren de paarden die de gymnastische oefeningen op het hoogste niveau konden doen, minstens twaalf jaar en meestal ouder. Vandaag de dag doen ze deze zware oefeningen al op vierjarige leeftijd en zijn ze stuk voordat ze hun tiende verjaardag vieren. Moedig alsjeblieft alle paardenliefhebbers aan om hier aandacht voor te hebben, het tast de sport aan en het verwoest wat zo mooi moet zijn. Er zijn goede succesvolle beroemde dressuurruiters, maar het zijn er maar weinig in vergelijking met de mensen die het tegenovergestelde zijn. Sommige grote meesters hebben hun paarden eerst vanaf de grond geleerd hoe ze hun lichaam moesten gebruiken en de hulpen te begrijpen en vervolgens met de hulp van iemand op de

grond, hetzelfde te doen onder het gewicht van een ruiter. De resultaten hiervan waren en zijn fenomenaal en bevredigend voor alle betrokkenen.

Dit brengt me naar het volgende punt. In de begindagen van de manier waarop ik geleerd heb te trainen, worden niet alle maar wel de meeste mensen geacht om gedurende een bepaalde tijd grondwerk te doen met hun paard. Soms om veiligheidsredenen, soms omdat ze op deze manier beter leren hun paard te begrijpen en hoe ze ermee kunnen werken en soms omdat hun paard nog niet is beleerd en het gewoon te gevaarlijk is om al iets anders te doen. Daarna volgt, als iedereen er klaar voor is, de volgende stap, die van het rijden. Dit is een andere aanpak dan de traditionele en kan daarom voor opgetrokken wenkbrauwen zorgen, maar vergeet niet dat de meeste mensen die bij mij komen om te trainen, problemen hebben ondervonden met hun paard, soms zelfs gevaarlijke. Andere mensen willen met name werken aan zelfvertrouwen van mens en paard en ook hier staat veiligheid voorop, dus dan is het logisch om te beginnen met grondwerk. Het is mijn specialiteit om mensen en paarden hierin te begeleiden en ik ben immens trots op iedere afzonderlijke student die ergens tegenaan liep, hiervoor verantwoordelijkheid nam, het erkende en besloot om er iets mee te doen. De kans bestaat dat je onderweg vrienden kwijtraakt, zeker met de onderwerpen die ik eerder beschreef. Ik probeer mensen er altijd van te overtuigen dat je net zoveel wint als je verliest. Op een gegeven moment als de tijd is aangebroken dat ze ook gaan rijden, maken we gebruik van andere faciliteiten op stal, zoals de bak. Ook hier heb ik moeten glimlachen bij het incasseren van onwelkome opmerkingen zoals:

"Jullie mogen hier niet komen." of iets beledigends *"Als wat doen jullie hier, jullie rijden niet eens."*

Helaas vergeten mensen dat wat ik doe mijn beroep is, dus ik heb er last van als ze op deze manier tegen me praten. Het zou niet in me opkomen om binnen te banjeren op hun werk en ze te vertellen hoe ze hun werk moeten doen. Het is overigens niet mijn bedoeling om via dit boek wraak te nemen op deze mensen, daar heeft niemand iets aan en ik al helemaal niet. Dit boek gaat over een reis vol gebeurtenissen die elkaar opvolgen. Om dingen uit te kunnen leggen, moet je weten wie ik ben, zodat je kunt begrijpen wie Mia is. Als aan het eind van de dag mijn klant blij is, hun paarden blij zijn en mijn paarden blij zijn, dan staan we samen sterk. Vandaag de dag ben ik blij dat dit over het algemeen het geval is en dat dit niet makkelijk kan worden aangetast.

HOOFDSTUK 5

De gouden verrassing   Het prachtige gouden paard

Slechts een paar kilometer verderop, in het volgende dorp, kreeg ik de mogelijkheid aangeboden om naar een andere stal te verhuizen en een vriendin van me wilde wel mee met haar paard. Er waren meerdere voordelen, maar het grootste voordeel was dat ik in alle rust kon werken met mijn paard. Iets waar ik stiekem naar verlangd had, zeker de afgelopen jaren toen alles wat ik deed onder een vergrootglas lag, hetgeen nog erger werd toen ik er mijn beroep van maakte. Alles wat ik onderwees werd besproken en het maakte niet uit of ik met Mia werkte of met een klant en haar paard, er was altijd wel iemand in de buurt die het beter wist. Misschien was dat ook wel zo, maar ik zag het ze in ieder geval nooit in praktijk brengen. Publiek dat voorbij loopt of slechts heel even blijft staan om te kijken, ziet over het algemeen maar één ding en baseert daar vervolgens zijn mening op. Meestal blijft men niet lang genoeg staan om de positieve verbeteringen te zien die volgen op een leermoment. Iedere ervaren professional zal beamen dat het niet allemaal mooie plaatjes zullen zijn, sprookjes met eenhoorns, zeker wanneer het paard problemen met mensen heeft of veiligheidsproblemen. Het mag dan wel een einddoel zijn om het er mooi uit te laten zien, maar de weg daarnaartoe heeft meestal een ander gezicht en dat komt door het verschil in de natuur van mens en paard. Er is een levensgroot verschil tussen een paard slaan of een paard blokken. Het ongetrainde oog kan het verschil echter niet altijd zien en hier ontstaan soms onterechte oordelen. Paarden ervaren alles als druk en uiteindelijk zorgt deze druk er altijd voor dat ze besluiten om hun voeten te bewegen. Ze hebben eigenlijk maar twee emoties: vluchten of vechten. Je kunt ook zeggen: bang zijn of domineren. Als je deze feiten in ogenschouw neemt, is het duidelijk dat paarden niet dezelfde emoties hebben als wij en het zou nogal hypocriet zijn van onze kant om dit niet te herkennen en te accepteren. Hun emoties zijn een noodzaak voor ze; ze zijn er niet om jou dwars te zitten of boos te maken. Om de lezer niet te misleiden, er zijn heel veel goede momenten bij het samenwerken met paarden en deze overstijgen de slechte gelukkig veruit, maar we moeten wel alles zien. Als dit niet zo zou zijn, had ik geen werk meer, maar het zit nou eenmaal in onze natuur om de negatieve dingen te zien, te benadrukken en te onthouden. Het kan dan voelen als een niet te winnen strijd. Ik heb geleerd hoe ik mijn studenten kan laten zien en onderwijzen om dit te onthouden en vaak is het probleem dan in korte tijd verdwenen. Meestal is het probleem namelijk niet het probleem.

Destijds was ik één van de weinigen die gave dingen met mijn paard kon doen en met enige regelmaat bleven mensen staan kijken als we aan het werk waren, maar er was dus ook vaak publiek bij onze leermomenten. Van huis uit ben ik een onzeker persoon en daarom vond ik dit vaak erg lastig, helemaal als mensen zich geroepen voelden om op die momenten te vragen wat ik aan het doen was. Het was een hele uitdaging om een manier te vinden om ze beleefd te vertellen dat ik daar aan het trainen was met mijn paard en niet met hun. Vandaag de dag is het gemeengoed om op deze manier met paarden te werken, je ziet studenten floreren op de hele wereld. Mia zou op commando kunnen gaan liggen, omrollen, een tijdje op haar rug blijven liggen terwijl ik haar buik kriebelde en de mensen zouden er niet veel aandacht voor hebben, terwijl ze nog maar een paar jaar geleden diep onder de indruk waren bij het zien hiervan. Een professional zijn op een pensionstal met zo'n 160 paarden en bijna het dubbele aan mensen, valt kort gezegd niet altijd mee. Het blijft voorlopig een droom om met mijn echtgenoot een eigen boerderij te vinden. Ik heb niets te verbergen en leer er steeds beter mee om te gaan, maar af en toe blijft het lastig. Ik ben per slot van rekening ook maar een mens en ik heb nooit een contract getekend waarin staat dat ik altijd mijn mond moet houden. We verhuisden en in het begin was alles hosanna. We deelden een weiland met vier andere paarden en in het midden van het land was een meertje dat in tweeën werd gedeeld door een draad boven het wateroppervlak. Bij de ingang naar de toegangsweg stond een stal, waar we allebei een box hadden en opslagruimte voor onze spullen. Tegenover de stal was een simpele kleine bak en tot mijn grote vreugde was ik hier eigenlijk altijd alleen, zonder iemand in de buurt. Mijn introverte kant vierde dit uitbundig. Je kon een rondje over het erf rijden, door een klein stukje privé bos en aan de andere kant van het terrein waren een grote rijbaan, stallen en een longeerkraal. Ik ging niet vaak naar dit deel, eigenlijk alleen om hooi te halen dat hier lag opgeslagen en soms om even te kletsen en thee te drinken als het koud en nat was buiten. Ik had een heerlijke tijd deze zomer, deed mijn best om ons rijden te verbeteren en verder te gaan met waar we mee waren begonnen, maar toen kwam de winter. Het was onvoorstelbaar nat, de wei veranderde in een grote modderpoel en niet veel later bevroor alles. Het meertje was dichtgevroren en de waterleidingen waren afgesloten om te voorkomen dat ze zouden springen, dus we moesten een wak hakken zodat de paarden konden drinken. Als we geluk hadden, konden we water halen in de grote stal of als alles tegenzat moest ik water van huis meenemen. Het was veel werk en ik merkte dat ik veel meer tijd bezig was met het verzorgen van de paarden, dan dat ik met Mia kon werken. Op zich was dit laatste nog niet zo erg, maar we hadden ook geen elektriciteit op dit deel van het terrein en dit had tot gevolg dat mijn vriendin alleen in het weekend iets met haar paard kon doen. Dit gaf de doorslag en deed ons schoorvoetend besluiten om naar een andere stal uit te kijken.

Eerder in datzelfde jaar 2012 was ik bij een vriendin langsgegaan om haar advies te geven en te helpen bij het tam maken van twee wilde jonge Connemara ruinen, die ze geïmporteerd had uit Ierland. Ik was mijn auto nog niet uit toen één van de twee mijn aandacht trok; de kleine jongen had iets wat meteen mijn hart veroverde. Ik was totaal niet op zoek naar nog een paard, ik ontmoet er ongeveer vier tot acht per dag en de gedachte was nog nooit in me opgekomen, maar daar was hij. Hij kwam zo vertrouwd over, alsof we elkaar al kenden, wat natuurlijk niet het geval was, maar ik wist meteen dat ik een manier moest vinden om hem te kopen. Twee kleine punkertjes in de wei, de ene een roan, dat is een bruin met grijze kleur, genaamd Jonny en de andere een valk, een bruingele vacht met zwarte manen en staart, genaamd Kheelen. We konden de eerste les niet al te veel met ze doen, maar ze was al goed bezig en ik liet haar achter met nog wat extra aanwijzingen en oefeningen om het proces van tam maken te versoepelen. Toen ik wegging was ik helemaal blij en mijn hart sloeg over bij de gedachte dat ik hem misschien niet meer zou zien. Gelukkig belde ze om nog een les af te spreken en ik kon niet wachten om er weer heen te gaan en hem te zien. Ze had alles gedaan wat ik haar had geleerd en nog een heleboel meer om de jongens tam te maken. Ik voelde me vereerd omdat hij toen ik uit mijn auto stapte naar het hek kwam om me te begroeten. Ze lachte en zei:

"Jullie zijn leuk samen."

En voordat ik kon nadenken, flapte ik eruit:

"Als je ooit besluit om hem te verkopen, denk dan alsjeblieft eerst aan mij?"

Een paar weken daarna sms'te ze me dat hij inderdaad te koop was en voor de tweede keer in mijn leven maakte ik, gehaast en overtuigd dat ik dit paard moest hebben, instant een deal. Het grappige was dat ik het nog niet aan mijn man verteld had. Althans niet het hele verhaal. Hij had wel al uitgebreid over het kleine gouden paard gehoord, omdat ik niet kon ophouden om over hem te praten, maar hij had geen idee dat ik een aanbetaling voor hem had gedaan, althans dat dacht ik. We sloten de deal dat zij hem gedurende de zomer zou houden en dat ik voor hem zou betalen door middel van lessen en betalingen zodra ik geld had.

Een regeling die ze wilde accepteren en ik ben hier eeuwig dankbaar voor. Vroeg in de winter gingen we voor een korte vakantie naar de zon en ik, zoals ik ben, probeerde de hele tijd te bedenken hoe ik het Jort ging vertellen. Hij bleek het al te weten en had zelfs al bedacht wat te doen.
Op een avond tijdens een romantisch diner bij kaarslicht bij een pittoresk haventje zei hij plotseling:

"Weet je, dat kleine paardje waar je niet over op kunt houden?"

"Ja." zei ik blozend.

"Vooruit koop hem maar."
En met een grap erachteraan:
"Doe het wel snel, voordat ik me bedenk!"

Ik leef nog steeds mee met de mensen die rustig aan de tafeltjes om ons heen zaten op deze prachtige avond want ik barstte in huilen uit en snotterend als een baby sprong ik overeind om hem te bedelven met duizenden zoenen terwijl ik wel honderd keer dank je wel zei. Toen de eerste vreugde en grootste schok voorbij waren ging ik achterover in mijn stoel zitten en kon ik niet stoppen met snikken. De arme ober kwam duidelijk opgelaten naar onze tafel en hij moet wel gedacht hebben dat Jort me om een andere reden aan het huilen had gemaakt. Toen hij voorzichtig vroeg wat we wilden drinken giechelde ik door mijn tranen en snotneus heen en zei:

"Maak je geen zorgen, dit zijn tranen van vreugde, hij heeft net een paard voor me gekocht."

Ik had geregeld om Kheelen, ook wel Lenny genoemd, de eerste week van januari 2013 op te halen, maar de weersvoorspellingen waren dusdanig slecht dat ik dit veranderde naar de laatste week van december. Een paar weken later was het nieuwe jaar qua weer zo slecht begonnen, dat we besloten om de paarden eerder dan we van plan waren, te verhuizen naar een andere stal.

We dachten al een tijdje over verhuizen naar een stal ongeveer tien kilometer verderop, verder weg van mijn huis, waar we allebei een grote box konden krijgen in een mooie ruime lichte stal met een eigen stukje land waarmee we mochten doen wat we wilden. Hierbij kwamen nog een renbaan, een nieuwe bak met goede verlichting en een verwarmde kantine. Het was zoveel beter dan we op dat moment hadden dat we geen nee konden zeggen.

In eerste instantie was het wel ok, maar het werk om de paarden te verzorgen was eigenlijk zwaarder, zeker nu ik er twee had. Hoewel we ze iets betere leefomstandigheden boden, voelde het nooit als thuis en het was ontzettend duur. Arme Kheelen die in korte tijd twee keer verhuisd was, had een koutje gevat, waarschijnlijk door de stress die hierbij kwam kijken en dit had geleid tot een paar gepeperde rekeningen van de dierenarts. Ik raakte een beetje ontmoedigd en ik merkte tot mijn schrik dat ik weer teruggleed naar het gevoel van oververmoeid zijn en aan mezelf twijfelen. Ik durfde het aan niemand toe te geven, al helemaal niet aan Jort, die zo geweldig was geweest om me dit mooie paard te laten kopen terwijl we het al niet breed hadden. Als zelfstandige krijg je niet betaald als je niet werkt, dus ik ging gewoon door. Een slecht idee, want ik zat al in de eerste fase van een nieuwe burn out. Positief was dat Kheelen volledig herstelde en dat we de eerste wintermaanden doorkwamen. We konden nog redelijk werken met de paarden in de bak en op de renbaan. Het was ook een vruchtbare tijd want nu ongeveer dertien jaar later ging ik met Kheelen door hetzelfde proces als met Mia, maar met heel veel meer kennis. De zaken die me destijds maanden kostten, lukten nu binnen een paar dagen. Toen de lente kwam, waren we wel een beetje klaar met deze plek. Olie op het vuur was dat ik mijn hond altijd in de auto moest laten omdat er een waakhond op het erf liep die kleine honden kon doden. Dit was niet het leven dat bij ons paste en ik kon zo niet doorgaan tot de zomer, dus besloten we om de eigenaar van de stal in de natuur te vragen of we weer terug konden komen en tot onze grote vreugde zei hij: *"Ja natuurlijk."*

HOOFDSTUK 6   Deel I

Witte Ruis   De eerste breuk, ondenkbaar

Hoe ik me voelde op die noodlottige dag toen de dierenarts me de uitslag van de röntgenfoto's gaf? Het was alsof ik verdronk en toen de waarheid tot me doordrong, kon ik simpelweg geen adem halen. Het was een donkere en koele ruimte, Mia stond rustig en stil in de onderzoek-stand, verdoofd om de foto's te kunnen maken en haar ogen, hoewel zacht, lieten een onuitgesproken bezorgdheid zien. De dierenarts nodigde me uit om in een kleine naastgelegen kamer op een computerscherm naar de röntgenfoto's te kijken. Toen ik wegliep, bewoog Mia, alsof ze me wilde volgen en een assistente die de hele tijd aanwezig was geweest, bleef bij haar om haar gerust te stellen, terwijl ik wegging om te luisteren naar zijn bevindingen. Ik hoorde wat hij zei, maar ook weer niet echt, want een hoge toon overstemde mijn gehoor en terwijl de woorden zijn mond verlieten, verslapte mijn waarnemingsvermogen, hetgeen resulteerde in een soort dikke mist. Terwijl de dierenarts bleef praten, vroeg een stemmetje in mijn hoofd herhaaldelijk:
Gebroken?
Ik kan het niet geloven, gebroken!

Daarom is de titel van dit hoofdstuk: *Witte Ruis.*

Opgetogen en opgewonden waren we teruggekeerd naar onze vorige stal. Het weideseizoen was nog niet begonnen, maar omdat dit met een paar weken wel het geval zou zijn, was besloten om de paarden nog even apart te houden op een zandpaddock en op de dag van de weidegang te herintroduceren in de kudde. Het was fijn om weer terug te zijn, bovendien had ik nu wat extra vrije tijd waardoor ik een beetje kon uitrusten, wat goed was voor mijn emotionele gesteldheid. Ik kon ook weer beginnen met iets wat voor mij heel belangrijk was, namelijk kostbare tijd stoppen in het verbeteren van mijn relatie met mijn paarden. Met of zonder publiek, dat kon me nu niet meer schelen.

Mia zag er heel goed uit, redelijk slank voor haar doen en energiek, zo terug op bekend terrein. Hoewel we niet heel lang weggeweest waren, eigenlijk maar zeven maanden, voelde het veel langer. Ook deze keer leek de sfeer op stal enigszins veranderd, weer in positieve zin. Aangezien we nog geen kast of opslagruimte voor onze spullen hadden, gebruikten we mijn trailer hiervoor en we waren blij dat de paarden buiten op een droge zandpaddock stonden.

Helaas was dit het moment waarop Mia problemen begon te krijgen en hoewel ik denk dat er verschillende scenario's mogelijk zijn voor wat er gebeurde, kan ik alleen de feiten opsommen. Het kostte mij twee jaar voordat ik het los kon laten en kon accepteren dat ik nooit zal weten wat er precies gebeurd is, maar één ding weet ik zeker en dat is dat ik nooit meer zoiets zal laten gebeuren en hopelijk, door dit verhaal te delen, wordt iemand anders er ook mee geholpen.

Het begon allemaal met haar linker achterbeen, ze had wat kleine plekjes die eruit zagen als een reguliere huidinfectie, in de paardenwereld bekend als mok, of in het Engels 'mud-fever'. Ironisch genoeg kunnen paarden mok krijgen wanneer ze continue in de modder staan, maar ook wanneer ze in droge omstandigheden worden gehouden. Over het algemeen is mok een redelijk onschuldige aandoening wanneer deze op tijd behandeld wordt. Ik verzorgde en behandelde haar been met de gebruikelijke middelen, die verkrijgbaar zijn in ruitersportzaken en na vier dagen zag het er een stuk beter uit. Op de vijfde dag zag ik tot mijn grote schrik dat de infectie terug was, en hoe. Er kwam vocht uit en het was pijnlijk om aan te raken.

Het zag er niet meer uit als mok en ik had geen andere keuze dan de dierenarts te laten komen. Hij stelde de diagnose van een mogelijke bacteriële infectie, maar omdat hij haar niet kon aanraken, kon hij het niet goed onderzoeken en daarmee niet zeker weten. Hij gaf me verschillende zalfjes en een orale medicatie om het te behandelen en een week later was het zeker niet slechter, maar ook niet veel beter. Er kwam met name minder vocht uit, het was wat droger. Bij het volgende bezoek van de dierenarts schreef hij een steroïde crème voor, die in slechts een paar dagen tijd de klachten liet verdwijnen. Ik was super opgelucht voor mijn lieve meisje en pakte haar training weer op, om op een dag te ontdekken dat ze stokkreupel was aan hetzelfde been, zo erg dat ze niet kon lopen zonder chronische pijn. Ik hoopte op een hoefzweer, want hoefzweren zijn, hoewel heel gemeen en pijnlijk, over het algemeen goed te genezen. De dierenarts kwam weer en bevestigde mijn vermoeden, het was een hoefzweer. Ik verrichtte het gebruikelijke ritueel dat bij deze aandoening hoort, inclusief het minstens tweemaal daags weken van de hoef in water, indien mogelijk zelfs drie keer, het schoonhouden van de hoef en het monitoren van haar temperatuur. Op de tweede dag zag ik een gat in de hoef, waar de pus naar buiten was gekomen en na een snel bezoek van de dierenarts, bevestigde hij de standaard vervolgprocedure: het openhouden van de wond, zodat de hele infectie naar buiten kon. Tot onze opluchting was het op dag vijf over. Ik was ongelofelijk blij voor haar, want dat weekend zou het weideseizoen beginnen en zou ze in vrijheid op het gras kunnen rennen met haar vrienden.

Het weekend kwam en ging voorbij. Voor mij bestaat er geen mooier geluid dan langs een wei te lopen en een zacht zwiepende staart, die een lentevlieg verjaagt, te horen en de malende kaken van paarden die heerlijk staan te grazen. Allebei mijn paarden leken blij en ikzelf was dat ook, aangezien ik plannen had voor een familieweekend en gewoon graag wilde dat het goed met haar ging. Rond deze tijd had ik een meisje leren kennen, dat een warm plekje in haar hart had voor Mia en we maakten de afspraak dat ze mij zou helpen bij haar verzorging en training. De timing was perfect, omdat ik nu twee paarden had, maar niet veel geld, zeker niet na alle rekeningen van de dierenarts. De hulp was heel erg fijn. Het was ook het begin van een nieuw hoofdstuk voor ons. Mia die altijd zo uitgesproken was geweest ten opzichte van mensen, accepteerde haar en ze konden het samen uitstekend vinden. Dat was alles wat er toe deed. Wat mij over de streep trok was haar openheid en eerlijkheid en uiteraard had ze dezelfde manier van werken als ik, op een goed niveau, de perfecte combinatie. Ik had er al een tijdje op zitten broeden, vooral omdat we nog steeds achtervolgd werden door ons oude probleem dat Mia geen enkele tolerantie had voor dierenartsen of bepaalde typen mensen. Het was logisch om een begin te maken met het toelaten van andere mensen in haar leven en dan vooral mensen die we vertrouwden. Ik realiseerde me dat ze dit nodig had en ik moet bekennen dat het geen eenvoudige beslissing was voor mij om te nemen, maar het was wel een goede. Het familieweekend stond voor de deur en op de vrijdag voordat we vertrokken zag ik Mia bewegen in de wei. Ze was niet kreupel maar ze was ook niet honderd procent in orde. Het ene moment zag het er goed uit en het andere moment leek het toch niet helemaal te kloppen. Daarom sloot ik een deal met haar en het universum dat ik haar het weekend de tijd zou geven om te herstellen en als het bij thuiskomst niet verbeterd zou zijn, ik de dierenarts weer zou bellen. De dierenartsenpraktijk of dierenkliniek, zoals deze ook genoemd kan worden, waar ik bij zat, was, ondanks hun goede reputatie en goede werk, niet geschikt voor Mia en mij, dus toen ik thuiskwam en geen verbetering zag, belde ik een andere praktijk. Een dierenarts kwam naar stal en Mia, die van geen van de drie dierenartsen van de vorige praktijk een aanraking had geaccepteerd, liet zich door deze vrouw zonder meer aanraken en onderzoeken. Dit was voor het eerst in dertien jaar, dus ik was zwaar onder de indruk. Ze stelde vast dat de hoefzweer niet volledig was verdwenen en dat het verstandig was om haar weer een dag of vier tot zes te behandelen, om de hoef schoon te maken en de zweer te laten verdwijnen. Ik kan hier aan toevoegen dat Mia het ook nog goed vond dat ze de oude wond weer openmaakte, een pijnlijke handeling die de merrie zonder protest onderging.

Ik moest haar weer op de zandpaddock zetten en aangezien alle paarden op het land stonden, besloot ik om Kheelen bij haar te zetten, om haar gezelschap te houden. Herinneringen aan de gebroken neus, die eerste keer dat ze een hoefzweer had, waren me altijd bijgebleven, dus ik wilde haar hiervoor niet op stal zetten. De dierenarts gaf me mijn instructies, die ik zoals altijd uitvoerde met plichtsbesef en perfectionisme en verder trainde ik Kheelen en gaf les. Op de vierde dag kwam er eindelijk een klein beetje pus naar buiten, in de emmer met warm water waarin ik haar hoef weekte en de volgende dag liep ze alweer een stuk beter. Met toestemming van de dierenarts besloten we dat ze terug de wei op mocht en dat ik haar een paar dagen in de gaten zou houden, alvorens haar training weer op te pakken.

Het was inmiddels half mei en op een ochtend toen ik mijn hond uitliet vlakbij de wei, zag ik Mia buitengewoon onrustig bewegen. Dit was zulk afwijkend gedrag voor haar dat het me onmiddellijk opviel. Dit paard dat nooit gewoon voor de lol rende, niet sinds ze heel jong was in ieder geval, nooit kroelde met andere paarden en al helemaal niet speelde met andere paarden, rende nu op en neer langs het hek alsof haar leven ervan afhing. In die tijd was het mogelijk om je paard op het land te hebben en wanneer de paarden verweid werden naar een vers stuk gras, nog een paar dagen op de oude wei te blijven. Op deze manier krijgen de paarden iets minder gras binnen, ze volgen dan een paar dagen later naar de nieuwe wei, die dan al begraasd is door de andere paarden. Ik had dit al vaker zo gedaan, dus het was niets nieuws. Alleen deze keer was een merrie, met wie Mia bevriend was geraakt, al naar de nieuwe wei gegaan en Mia was duidelijk overstuur dat ze gescheiden waren. Het was zo'n week waarin alle merries tegelijk hengstig waren geworden en Mia is dan altijd net iets meer geïnteresseerd in andere paarden dan normaal. Soms mogen de andere paarden zelfs heel dichtbij haar staan en in haar persoonlijke ruimte komen, maar ik had haar nog nooit zo geobsedeerd door een ander paard gezien. Ik had nog een laatste les te geven die dag en besloot om een uur later te checken of ze al gekalmeerd was of niet. Als ze nog steeds druk was, zou ik haar naar de andere wei brengen. Toen ik terugkwam was ze opgewonden en ietwat bezweet en hoewel ze niet meer als een dolle langs het hek op en neer rende, was ze duidelijk nog steeds heel onrustig. Toen ik haar riep, kwam ze rennend naar me toe, iets wat Mia alleen doet wanneer ze honger heeft of iets wil en in dit geval was er sprake van beide. Ik kon het vooruitzicht op een nieuwe rekening van de dierenarts niet aan dus ik besloot haar naar de nieuwe wei te laten gaan, waar ze haar vriendin weer zag en alles min of meer was vergeten.

De volgende dag was ik erg teleurgesteld toen ik zag dat ze weer licht kreupel was. Niet super gevoelig, maar iets was er zeker niet goed en al mijn zorgen waren uitgekomen. Ik belde de dierenarts en ze kwam langs om haar nogmaals te onderzoeken, alleen deze keer was haar prognose iets anders. Ze zei iets in de richting van:

"Ze loopt en ziet eruit alsof ze een hoefzweer heeft maar iets in haar beweging vertelt me iets anders!"

We waren het erover eens dat we zouden doorgaan met het behandelen van de hoefzweer en als het niet beter zou worden met twee dagen, zou ik naar de praktijk komen voor verder onderzoek. Ik was enigszins opgelucht toen ik erachter kwam dat hier ook een onderzoek-stand was en ik was blij dat we een nieuw plan hadden. Vanaf dit moment ging alles mis. Mia wilde niet meer op de zandpaddock staan, met als enig uitzicht de wei waarop haar kudde en nieuwe vriendin stonden. Ik zette Kheelen er weer bij om haar gezelschap te houden, maar alsof hij er niet was, bleef ze maar roepen en rennen door het zand, dat nu mul en zwaar was door de droge periode. De bochten en wendingen die ze maakte, deden me ineenkrimpen. Ik belde de dierenarts en legde haar de situatie uit, ik was er van overtuigd dat wanneer ze terugging naar haar vriendin, ze beter zou rusten dan nu, ten slotte speelt ze niet en is het niet haar gewoonte om te rennen etc. De dierenarts was het me eens en met de adrenaline nog steeds in haar lijf, wist ik wel beter dan haar meteen los te laten zodra we de wei inkwamen. Dus liep ik met haar aan de hand door de wei naar haar vriendin voordat ik haar losliet, in de hoop dat ze meteen rustig zou zijn. Het werkte precies zo en direct na het begroeten van haar vriendin stond ze met haar neus in het gras. Natuurlijk voelde ik enige opluchting maar ik was ook beducht voor de situatie. Ik wist zeker dat ze kalmer en meer tevreden zou zijn op deze manier en dat wat het probleem ook was, ze meer schade zou ondervinden van een verblijf op het zware diepe zand dan op het vlakke gras. 's Avonds laat reed ik nog terug naar stal om haar te checken en trof ik haar tevreden etend aan, met haar neus in het gras. Stom genoeg kan ik me niet herinneren of ik haar toen heb zien bewegen. De volgende ochtend, ik had net mijn koffie gemaakt, het moet een uur of zeven zijn geweest, ging mijn telefoon. Een jonge man die zijn paard op dezelfde stal had staan, reed langs het weiland toen hij terugkwam uit de duinen en hij zag wat hij slechts kon omschrijven als:

"Mia staat op drie benen, het ziet er niet goed uit."
Ik vroeg hem: *"Linksachter?"*
Hij antwoordde: *" Ik vrees van wel."*

Ik sprong in mijn auto en reed met gezwinde spoed, waar het kon iets harder dan toegestaan, naar stal. Ik griste mijn halster van de trailer en rende zo hard als ik kon naar de achterkant van de wei waar ze stond, in de buurt van haar vriendin die stond te soezen. Ik zag dat haar linker achterbeen op rust stond en kon geen duidelijke schade of wonden zien. Het leek me het beste om haar van de wei naar stal te brengen en daar verder te kijken wat er moest gebeuren. Zodra ze haar halster omhad vroeg ik haar om een stap voorwaarts te doen. Uiteraard weigerde ze dit. Met al onze training en mijn ervaring tot dan toe, wist ik onmiddellijk dat deze weigering niet voortkwam uit *niet willen*, zoals in het verleden vaak het geval was geweest, maar uit simpelweg *niet kunnen*. Mijn hart begon als een razende te bonken, ik wist dat dit echt niet goed was, haar buikspieren waren gespannen en strak en ze had een uitdrukking van pijn in haar ogen, die ik nooit eerder had gezien. Mijn schat Mia had onbeschrijfelijk veel pijn en ik voelde me zo ongelofelijk hulpeloos. Mijn eerste gedachte was de dierenarts te bellen, ik schetste hen de situatie en ze vroegen mij mijn best te doen om haar naar stal te brengen, waar ze ons zouden ontmoeten. Me ervan bewust dat ik dit niet alleen kon, probeerde ik mensen te bellen die misschien op dat moment op stal aanwezig waren, want ik had dringend hulp nodig. Ik wist er een paar te bereiken en drie mensen kwamen zo snel als ze konden. We liepen samen met Mia, stapje voor stapje, onverdroten richting stal. Een afstand van ongeveer zevenhonderdvijftig meter door de wei en over het zandpad dat naar stal leidt, maar het voelde als twintig kilometer. Het kostte ons veertig minuten en het voelde als twintig uur. Ik heb nog nooit in mijn leven een paard zien lopen zoals zij deed, of een paard dat een manier van lopen had bedacht om pijn te verlichten. Na een paar meter had ze duidelijk in de gaten dat we richting stal gingen en met teveel aan haar hoofd, keek ze niet één keer om naar haar vriendin, maar begon ze ons dapper te helpen om haar bij te staan in de tocht. Ze besloot zelf om zijwaarts naar links te lopen, zodat ze niet haar volle gewicht op het linker achterbeen hoefde te zetten en wij lieten haar haar gang gaan. Iedereen steeg boven zichzelf uit en mijn hart smolt bij het zien van Mia die zich liet aanraken door vreemde handen en de manier waarop ze luisterde en hun ondersteuning vertrouwde. Na nog een paar meter moest ik twee keer kijken en toen nog eens, want toen ze langzaam in het zijwaartse ritme kwam, zag ik haar been op een rare manier, in een abnormale hoek, naar voren en opzij bewegen, alvorens naar achter te gaan, terug op de grond. Het was alsof haar been losgekoppeld was van haar lichaam. Ik slikte hard en probeerde uit alle macht om niet te huilen maar te focussen op wat moest gebeuren, terug naar stal, waar we tegelijk met de dierenarts aankwamen. Zij zag ons de laatste meters afleggen en toen we elkaar aankeken, sprak ze een paar troostende woorden en zei:

"Ik zie je daar!" Hetgeen in de kliniek betekende.

Ze sprong in haar auto en reed weg. Terwijl iemand Mia vasthield en lief voor haar was, haakte ik mijn trailer aan en parkeerde zo dichtbij haar als ik kon. Ik herinner me hoe boos ik op mezelf was op dat moment toen ik me afvroeg waarom we haar niet met de trailer uit de wei hadden opgehaald. Ter verdediging en in een poging om mezelf niet langer te kwellen, kan ik alleen maar zeggen: hoe kon ik het weten? Je doet wat je moet doen op zo'n moment en anders had ik misschien het rare slingeren van haar been niet gezien. Geen van ons allen wilde of kon geloven dat het been echt gebroken kon zijn.

Mia die inmiddels een echte professional was op het gebied van trailerladen, liep zelf de trailer in en liet mij helpen met het oppakken en naar voren zetten van haar linker achterbeen om stapje voor stapje de klep op te gaan. Uiteraard was er inmiddels publiek bij gekomen, het nieuws had zich als een lopend vuurtje verspreid. Tot mijn verbazing was er niemand die zich geroepen voelde om ongevraagd advies te geven. Ze waren met stomheid geslagen door wat ze aanschouwden en de bereidheid van mijn paard om te gehoorzamen en mee te werken in deze nachtmerrie. Eenmaal geladen, reed ik de korte afstand naar de kliniek, die normaal gesproken ongeveer een kwartier duurde, in een minuut of vijfentwintig om de reis zo veilig en comfortabel mogelijk te houden voor mijn dierbare vriendin. Een meisje op stal dat het hele gebeuren had gezien, had twee borden gemaakt met de tekst *ZIEK PAARD* en met behulp van duct tape had ze deze aan de voor- en achterkant van de trailer bevestigd. Ik kan je niet vertellen hoe nuttig het was, want medeweggebruikers hielden echt rekening met ons. Op plaatsen waar normaal gesproken automobilisten *die irritante slome paardentrailer* in zouden halen, wachtte men nu en gaf me alle ruimte. Bij het passeren van een smalle brug en kleine straatjes in een nabijgelegen dorp, deden de mensen er alles aan om mij erdoor te laten. Het was een lichtpuntje in de hele situatie, niet te vergeten dat ik helemaal alleen was. De mensen die ons op stal hadden geholpen, moesten werken of voor hun kinderen zorgen, maar ik putte troost uit het feit dat het maar een kort ritje was en dat de dierenarts op me stond te wachten. Twee dierenartsen zelfs. Het werd mijn eerste ontmoeting met de dierenarts, die in zijn vaders voetsporen was getreden en nu hoofd dierenarts van deze praktijk was. Ik was verheugd om hem eindelijk te ontmoeten en te ontdekken dat hij er was om te helpen.

Ik laadde Mia uit, op de enige mogelijke manier, namelijk achterwaarts en langzaam, heel langzaam, liet ik het haar zelf uitvogelen. Ik hielp haar met het optillen van haar been wanneer dat nodig was. Eenmaal uitgeladen liepen we het korte stukje naar de onderzoeksruimte. De dierenarts observeerde Mia intens, zonder een woord te zeggen over hoe ze bewoog. De dierenarts die eerder op stal was, had hem reeds over alles op de hoogte gebracht.
Hij vroeg me om Mia naar binnen te brengen en in de onderzoekstand te zetten en het was op dit punt dat ze zei:

"Nee ik wil dit niet."

Het gaf me een sprankje hoop, ze had nog veel strijdlust in zich. De dierenarts bood aan om me te helpen en ik antwoordde:

"Alsjeblieft, kan je me een paar minuten de tijd geven, dan lukt het wel."

Ik moet bekennen dat ik heel blij was dat hij mijn wens respecteerde. Deze man met zoveel ervaring had dit natuurlijk bijna dagelijks aan de hand en had heel gemakkelijk zijn eigen oplossing hiervoor kunnen doordrijven, maar hij deed wat ik vroeg en een paar minuten later stond ze toch binnen. Geen gemakkelijke prestatie want ze moest naar binnen en daarna zijwaarts de onderzoek-stand in, maar zijwaarts naar rechts. Godzijdank hadden we zoveel grondwerk gedaan en aan onze relatie gewerkt, want als we niet op deze manier hadden getraind, zou ik niet weten hoe we dit zonder heftige strijd voor elkaar hadden gekregen. De gedachte hieraan kan me nog steeds nachtmerries bezorgen. De geur van alcohol en ontsmettingsmiddel penetreerde de ruimte en ik zag die blik in Mia's ogen, de blik waarin ze doodsbang is, en dat ze ieder moment kon uithalen om zich te verdedigen. De dierenarts stelde zich officieel voor en kreeg het voor elkaar om Mia aan te raken. Ze reageerde met een ruk aan haar halster, niet zozeer naar hem, maar vanwege de spanning. Na mij ondervraagd te hebben en alle feiten en omstandigheden te hebben doorgenomen, concludeerde hij, tot mijn grote opluchting, dat het het beste zou zijn om haar te verdoven en dat hij verschillende röntgenfoto's zou maken, van heup tot hoef, om uit te vinden wat er aan de hand was. Het was een gedenkwaardige conversatie. Hij had al een vermoeden van wat er mis kon zijn, iets in zijn toon liet dat doorschemeren en ik bewonder dat hij geen aannames deed totdat het bewijs geleverd was.

Voor de onderzoek-stand waar Mia in stond, ongeveer een meter ervandaan, was een kleine ruimte met een bureautje en een medicijnkast. Vanuit de stand kon ieder paard goed zien wat er gebeurde, met name een paard als Mia, die ervan overtuigd was dat haar leven op het spel stond. Terwijl hij de voorbereidingen trof voor de verdoving, de injectienaald pakte en een doekje met alcohol, las hij haar lichaamstaal en met al zijn ervaring, herkende hij meteen haar trauma. Door mijn zorgen en een splijtende hoofdpijn, die me zwarte vlekken voor mijn ogen bezorgde, heen, was ik onder de indruk. Hij vertelde me dat hij heel veel paarden kende met deze problemen en maar één ander paard dat net zo sensitief was. Dit paard had hij jaren eerder ontmoet toen de praktijk nog van zijn vader was. Hij gebruikte een woord dat nog nooit iemand had gebruikt, nou ja in ieder geval geen dierenarts, hij noemde haar *sensitief!* Hiermee won hij onmiddellijk mijn vertrouwen. Mia was in opperste staat van paraatheid, al haar overlevingsmechanismen en zintuigen stonden op scherp. Ik denk dat de adrenaline door haar lijf gierde en ze deed nogal moeilijk over het krijgen van de injectie. Ik kan en wil haar dat nooit kwalijk nemen, alles was afwijkend en griezelig, haar instinct wist dat ze met een gewond been onderaan de voedselketen was beland, ik had haar met de trailer

naar de plek gebracht die ze het meest haatte in deze wereld, en
ik had haar overtuigd om zich te laten opsluiten in een kleine
donkere ruimte in een onderzoek-stand, waar ze een naald in
haar nek kreeg om verdoofd te worden. Ze had ieder recht om
bang te zijn en kwaad en als er een andere manier was geweest
om dit te doen, dan had ik dat zeker gedaan, maar die was er niet.
De dierenarts gaf haar een grotere dosis dan normaal, omdat we
wisten dat we wel een tijd bezig zouden zijn en verdween in de
kleine zijkamer, terwijl de verdoving zijn werk begon te doen.
Alleen gelaten, stond ik daar met haar, met dikke tranen, ik slikte
hard terwijl ik haar prachtige gezicht aaide en jammerlijk zei ik
tegen haar wat het ook is:

"Het spijt me, het spijt me zo verschrikkelijk."

Weldra was ze verdoofd en liet ze haar hoofd steeds dieper in
mijn armen zakken, naarmate het effect van de verdoving sterker
werd. Tien minuten gingen voorbij en hij kwam tevoorschijn met
een assistent die ons hielp met de voorbereidingen voor de
röntgenfoto's. Standaard protocol schrijft voor dat iedereen een
loodschort moet dragen, dus we deden er allemaal een aan,
voordat ze verder gingen met het in positie brengen en instellen
van de machine, die vastzit aan het plafond, om de foto's te
maken. Zoals beloofd maakte hij zoveel mogelijk röntgenfoto's
als nodig was, van de heup tot aan haar hoef. Mia stond de hele
tijd stil, te soezen met haar hoofd zwaar in mijn armen. Op een
gegeven moment had ik steken in mijn slapende armen en kon ik
ze zelfs niet meer voelen, maar ik kon haar niet loslaten, dat
wilde ik pertinent niet. De man van weinig woorden verdween
weer in de kleine zijkamer om de foto's te bestuderen. Voor mijn
gevoel duurde het een eeuwigheid. Mia en ik waren weer alleen
in de donkere ruimte, allebei in gedachten. Hij kwam weer terug
en vroeg toestemming om nog twee extra foto's van haar knie te
maken, maar nu vanuit een andere hoek. Hij dacht dat hij iets zag
op de foto en deze invalshoek zou zijn diagnose kunnen
bevestigen. Ze brachten de machine weer in positie, alleen deze
keer verroerde Mia zich, tot mijn verbazing, in haar gedrogeerde

slaap. Ze voelde dat het röntgenapparaat in een andere positie werd gezet. De knie van een paard zit in het achterbeen bovenin; het is eigenlijk het voorste gewricht waar het aan het skelet vastzit, achter de buik, dus de röntgenplaat die vastzat op een soort T-vormig bord, moest achter haar knie worden gehouden, tussen haar beide achterbenen. Binnen een tiende van een seconde nadat het bord daar werd vastgehouden, trapte ze. Ze trapte niet alleen hard, ze trapte met haar gewonde been en ze miste niet. Het bord vloog uit de handen van de assistent en te zeggen dat ik geschokt was is een understatement, ik dacht: *hoe in godsnaam kreeg ze dat voor elkaar?*

De sfeer in de ruimte veranderde onmiddellijk, de dierenarts keek me geruststellend aan, op zo'n manier dat ik wist dat dit niets nieuws voor hem was, maar zijn blik vertelde me ook dat dit de plek was en dat er iets verschrikkelijk mis was. Ik stond te trillen op mijn benen toen hij verderging met zijn werk en telkens als Mia tekenen van onrust vertoonde, begon hij plotseling te zingen, waarbij hij de ruimte vulde met een aangename versie van Frank Sinatra's New York, New York, met een Nederlands accent.

Geloof me als ik zeg dat dit niet alleen Mia hielp ontspannen, maar iedereen die aanwezig was en het duurde niet lang voordat hij de twee röntgenfoto's had gemaakt en weer in zijn zijkamertje verdween. De assistent en ik wisselden een paar blikken, erkennend dat dit een speciale situatie was en weer wachtten we.

De dierenarts vroeg me bij hem te komen om de foto's op het computerscherm te bekijken en zijn bevindingen te bespreken.

Na de eerste schok verwerkt te hebben en toen de witte ruis weer wat verdwenen was, moest ik hem vragen om te herhalen wat hij net had gezegd. Ik kon gewoon niet bevatten dat de ergste nachtmerrie van alle paardeneigenaren hier en nu aan me werd medegedeeld. Ik viel bijna omver. Mijn trillende benen waren nu helemaal stijf toen ik de eerste stappen terug naar haar zette. Ik sloeg mijn armen om haar hoofd, alsof ik haar wilde beschermen en mijn lichaamstaal was overgeschakeld naar een soort verdedigingsmodus. Hoewel ik de woorden van de dierenarts nog steeds niet goed had gehoord, begon mijn geest al te reageren op de feiten en ik hoorde de gedachte in mijn hoofd schreeuwen: *ze gaat dood, oh mijn god ze moet worden afgemaakt, niet hier, alsjeblieft NIET HIER!*

De breuk was inderdaad ernstig; er was een deel van de tibia afgebroken, in menselijke termen de bovenkant van het scheenbeen, het deel dat vasthecht onderaan de knie.
Dat stuk bot is waar de kruisbanden vastzitten, waardoor je knieschijf op zijn plek blijft, dus door de breuk zoals zij die had opgelopen, was haar hele knie gedestabiliseerd. Het ergste was dat door de manier waarop paarden bewegen, er bij iedere stap opwaartse druk kwam op de knie en de banden, hetgeen het wel heel erg moeilijk maakte om te genezen.

Doodsbang voor wat hij te zeggen had en wat de volgende stap zou zijn, voelde ik me als een moeder die haar kind beschermt, niemand zou haar van me afnemen, niet op deze manier, nu nog niet. De dierenarts verdient alle lof voor het feit dat hij kon zien wat ik dacht, hij wist uiteraard dat dit geen eenvoudige opgave zou worden, en zonder al te veel woorden met een tijdelijke oplossing kwam.

Hij zei ongeveer:

"Neem haar mee naar huis, zet haar in een box, een kleine, zodat ze niet teveel kan bewegen, ik ga research doen en bel je binnen vierentwintig uur terug, dan kijken we wat we kunnen doen."

Ik gaf hem een bibberig handje ten afscheid en we gingen heel langzaam terug naar stal. Ik moet eerlijk zijn, ik herinner me niets van de weg terug, helemaal niets. Achteraf gezien had ik natuurlijk niet mogen rijden, het was onverantwoord. Gelukkig kwamen we, ondanks dat ik in shock was, veilig thuis en toen ik had geparkeerd en de handrem had aangetrokken, barstte ik in huilen uit. Mijn hart was gebroken en ik huilde heel, heel lang. Op een gegeven moment raapte ik mezelf bij elkaar en belde de staleigenaar om hem de situatie uit te leggen en een box voor Mia te vragen. Hij gaf ons er één waar ze andere paarden kon zien, als deze bij de stallen waren in plaats van op de wei. Nog steeds niet ideaal, omdat ze alleen stond, maar het was het beste wat hij op dat moment kon aanbieden. Die avond, nadat de verdoving was uitgewerkt, was de adrenaline duidelijk nog niet verdwenen uit haar lijf. Ondanks dat ze vreselijk veel pijn gehad moet hebben, was haar focus gericht op terugkeren naar de veilige haven van haar kudde. Het herinnerde me eraan hoe enorm haar wilskracht was en dat het nu niet meer uitmaakte wat ik deed, het was toch te laat. Ik besloot, om haar de komende vierentwintig uur door te laten komen, zonder haar neus weer te beschadigen aan de bovenkant van de deur, of erger nog, zichzelf te laten verongelukken, om haar orale verdoving toe te dienen zodat ze wat rustiger zou worden. Het hielp een klein beetje en hoewel ze haar hooi over haar deur at, in plaats van op de grond, om naar de andere paarden te kunnen kijken, was ze redelijk rustig. Toen de adrenaline uit haar lijf was, stond ze tot mijn grote opluchting eindelijk in vredige stilte en sliep.

HOOFDSTUK 6   Deel II

Misschien heb je geluk   Verwachtingen

Ik zal nooit vergeten hoe ik de volgende dag les gaf aan een student en haar vriendin die mee was gekomen om te kijken, terwijl Mia tevreden hooi stond te eten in haar stal. Ongeveer tien of misschien vijftien minuten nadat de les was begonnen, ging mijn telefoon. Ik had vooraf aangegeven dat ik een telefoontje verwachtte over Mia en dat ik moest opnemen als ik gebeld zou worden. De dierenarts vertelde me zijn bevindingen en bij het horen van zijn woorden begaven mijn knieën het en zakte ik op de grond. De dames in kwestie kenden maar een deel van het verhaal, ik had nog maar een paar mensen verteld dat haar been gebroken was, omdat ik het nog niet aankon om alle vragen te beantwoorden. Ik was er nog niet aan toe om steeds te moeten vertellen wat er gebeurd was zonder dat ik zelf alle feiten op een rijtje had. Dit klinkt egoïstisch, maar zo voelde ik het. Volledig in tranen gaf ik de dames een korte samenvatting en excuseerde me dat ik de les niet kon afmaken. Ze keken me medelijdend aan en hoewel ze nog niet helemaal konden bevatten wat ik net over ze had uitgestort, hadden ze er alle begrip voor. Ik rende terug naar haar stal, deed de deur open en sloeg mijn armen om haar heen. Ik knuffelde haar zo lang dat mijn armen pijn deden. Dat moment was zo hartverscheurend, ik verloor alle besef van tijd.

De dierenarts vertelde me dat hij de röntgenfoto's naar collega's bij andere praktijken door het hele land had gestuurd en dat zij het allemaal met elkaar eens waren; de breuk in haar knie was heel ongebruikelijk, zo ongebruikelijk zelfs dat ze niet precies wisten hoe deze behandeld moest worden en als er behandeld zou worden, dan was de uitkomst niet te voorspellen. Ze kwamen met drie opties, die allen voor een sprankje hoop zorgden, want er kwam geen pistool in voor, nog niet. De eerste optie was een operatie, de tweede was drie maanden wachten om al wat te helen en dan te opereren en de derde optie was drie maanden rust, dan opnieuw röntgenfoto's maken om vast te stellen of er voldoende genezing gaande was en als dat zo was, haar alle tijd te geven die ze nodig had om zelf te genezen, waarschijnlijk minimaal een jaar, maar misschien ook wel twee. Ik wilde alle details weten van alle opties en natuurlijk alle voor- en nadelen ervan. Hij was heel duidelijk en eerlijk tegen me en na een telefoongesprek van ongeveer 40 minuten ook enigszins opgelucht dat ik koos voor de laatste optie. De operatie bracht grote risico's met zich mee, de nazorg was ingewikkeld en er bestond absoluut geen garantie op succes. Ze zou volledig onder narcose moeten en zoals gezegd, de nazorg zou voor dit specifieke paard niets minder dan een nachtmerrie zijn, zowel voor haar als voor alle betrokkenen. Zijn afscheidswoorden waren:

"Het bot moet helen en als er nog bloeduitstortingen ontstaan of er vormt littekenweefsel tussen de helende delen van de breuk, dan moet je je op het ergste voorbereiden. Ik wens jullie beiden het allerbeste, misschien heb je geluk."

Zodra het telefoongesprek was afgerond, ordende ik mijn gedachten en vroeg de staleigenaar of ik hem kon spreken over haar nieuwe situatie en wat hierbij kwam kijken. Ze moest drie maanden op stal staan en daarbij zo rustig mogelijk blijven. Ze mocht geen pijnstillers krijgen, hetgeen wreed klinkt, maar dit kan paarden soms helpen te begrijpen dat ze gewond zijn en kan ze aansporen om inderdaad te rusten. Daarna zou ik haar naar de dierenarts moeten brengen voor nieuwe röntgenfoto's om te controleren of ze herstelde.
Hier begon dus onze lange weg naar genezing. Gedurende de eerste dagen had ik zoveel nieuwe en verschrikkelijke emoties dat ik een soort wandelende zombie was. Ik kon er niet van

slapen, ik was zo bezorgd dat ze zichzelf weer zou verwonden; ik kon niet eten, want ik was alsmaar misselijk en mijn arme lieve meisje ging zienderogen achteruit. Ik kon niet anders dan van slag raken als ik bij haar was. Ze was zo mooi en ik vroeg mezelf en het universum de hele tijd:
hoe en waarom is dit haar overkomen?

Op de derde dag zag ik dat ze spiermassa begon te verliezen op haar achterhand. Zo snel al in de rustperiode kon ik me amper voorstellen hoe ze eruit zou zien als we hier doorheen kwamen. Maar goed, het gaf niet zolang ze in leven bleef, spieren konden we terugkrijgen en het enige belangrijke vanaf dit moment was elke dag te nemen zoals die kwam.

Helaas kreeg ik zelf ook weer klachten, de burn out zat diep van binnen te wachten om als een vampier zijn slachtoffer aan te vallen. Het gevoel was verdwenen de eerste maand na onze verhuizing terug naar stal, zelfs met het gedoe rond Mia's hoefzweer, maar nu was het terug. In het diepste geheim had het bezit genomen van alle donkere hoekjes in mijn hoofd. Ik was extreem moe en ongemotiveerd, had een heel kort lontje en zat totaal niet te wachten op kletspraatjes; praten vond ik sowieso een opgave dus ik vertelde niemand iets en sprak alleen over Mia als het echt nodig was.

In de daaropvolgende dagen begon me op te vallen dat Mia's emoties en hoe ze overkwam ook veranderden. Haar ogen stonden klein en dof, haar vacht verloor zijn glans en ondanks dat ze zoveel hooi kreeg als ze op kon, viel ze in rap tempo af. Ze was ook een zombie geworden. En toen zag ik het!- dit arme paard spiegelde mijn emoties. Ik was zo verdrietig geweest, ik had zoveel medelijden met mezelf en met haar en het was allemaal zo deprimerend, hoe zou ze dat niet kunnen voelen.

De volgende dag was een maandag, ik werd wakker en zei tegen mezelf:

"Van nu af aan is het afgelopen met verdriet en medelijden, je gaat naar stal alsof er niets gebeurd is en je doet vrolijk in de buurt van dat paard ook al trek je het niet en je gaat je stinkende best doen om iedereen hier in mee te nemen."

Ik hield woord en kwam vrolijker aan op stal dan de dagen ervoor het geval was geweest, deed mijn dagelijkse klusjes en gaf les. Tussendoor liet ik Mia weten dat ze mijn oogappel was en nog belangrijker, dat ik ervan overtuigd was dat het allemaal goed zou komen. Die middag was er al een verandering zichtbaar, de glinstering in haar ogen kwam terug en haar vacht begon weer te glanzen. Ik beweer niet dat we een soort E.T. moment hadden of dat ik over speciale magische krachten beschik waarmee ik controle had over de geest van mijn paard, maar wat ik wel wil zeggen is dat jij je paard zijn omgeving bent. Ik had het eerder gezien bij andere paarden en hun eigenaren, zo vaak zelfs dat ik hierdoor deze conclusie kon trekken. Als je paard of ander dier ziek is en je behandelt hem als een patiënt, dan bestaat er een grote kans dat hij ziek blijft of het snel weer wordt. Net als wij hebben ze baat bij een positieve omgeving. Paarden met de meest afschuwelijke pijnlijke wonden heb ik veel sneller dan verwacht zien genezen, door de positiviteit die hun eigenaar uitstraalde. Ik wilde niet in een negatieve val lopen. Ergens was dit al een tijdje bezig, met Kheelen die ziek was, daarna Mia's huiduitslag, vervolgens haar hoefzweer en nu de gebroken botten. Dan moet je toch bij jezelf te rade gaan. De hogere machten hadden ons genoeg uitgedaagd, we waren toe aan een ommekeer, dus ik groef diep, vond het licht in mezelf en begon te knokken.

HOOFDSTUK 6   Deel III

De storm voor de stilte   Leven of dood, kies maar

Die zomer was erg warm, met weinig regen en veel te veel vliegen. Het was ongelofelijk moeilijk om haar opgesloten te zien in die box, op sommige dagen kon ik het bijna niet meer aan, omdat ze er nog niet voor het kleinste wandelingetje uit mocht. Haar leven hing er vanaf. De eerste weken piekerde ik me suf, al probeerde ik mijn gedachten ook af te leiden uit angst om mezelf gek te maken, maar de vraag bleef branden:
hoe had ze haar been gebroken?
De verschillende conclusies waar ik mee heb leren leven zijn de volgende; ik denk dat de mokachtige uitslag er niets mee te maken had. De hoefzweer zou een vroege aanwijzing geweest kunnen zijn, dat er binnenin al iets gebroken was of het kan de oorzaak van de breuk zijn door het maken van een misstap op een pijnlijk moment. Waarschijnlijk is het die avond gebeurd dat ze naar het andere weiland wilde, naar het verse gras en haar vriendin in de kudde. Een ander scenario is misschien dat ze te fanatiek gedraaid heeft in het mulle zand van de paddock tijdens de periode van haar hoefzweer. Het is ook nog mogelijk dat de breuk al veel eerder ontstaan is en uiteindelijk erger is geworden. De ellende is dat ik het nooit zal weten.

We raakten gewend aan een vol te houden routine. Ik begon hulp te accepteren van mensen waar Mia het goed mee kon vinden. Haar nieuws verspreidde zich en veel betrokken stalgenoten kwamen even bij haar langs gedurende de dag en vroege avond. De stal werd doordeweeks 's ochtends uitgemest door de staleigenaar en zijn personeel, 's avonds en in het weekend deed ik het zelf. Ze had altijd hooi in haar stal en hulp tegen de altijd aanwezige irritante vliegen. Een andere paardeneigenaar was zo aardig om me haar naastgelegen box ter beschikking te stellen voor de spullen die ik gebruikte voor Mia en zo namen we de dagen zoals ze kwamen. Onze stal kan in het weekend en gedurende schoolvakanties behoorlijk druk zijn en hoewel ze niet op het drukste stuk van het erf stond, was haar stal wel op een plek waar veel mensen langsliepen met hun paard. Zelfs op de iets koelere dagen had ze moeite met rusten en ik had dan ook geen andere keuze dan haar licht verdoofd te houden. Met alles wat ik de afgelopen jaren had geleerd over paarden, liepen hierdoor de rillingen over mijn rug, ik vond het afschuwelijk maar wist zeker dat het op dat moment voor haar bestwil was.

Op een middag kwam mijn beste vriendin, die over was uit Engeland, met me mee naar stal om voor Mia te zorgen. We troffen haar, heerlijk rustend in de schaduw van de grote bomen, aan. Ze lag bijna nooit, want het was heel erg moeilijk voor haar om op te staan en ik vermoed dat dit ook extreem pijnlijk was. We lieten haar met rust en gingen eerst mijn hond uitlaten. Toen we terugkwamen was ze gaan liggen en sliep. Zo'n moment dat ik nooit zal vergeten omdat ze er zo verschrikkelijk moe uitzag. Ze kon van vermoeidheid haar hoofd amper rechtop houden, alles aan haar schreeuwde dat ze meer rust nodig had. Het werd steeds duidelijker dat het soort rust dat ze nodig had, als ze een jaar of langer moest genezen, hier niet was.
We liepen weer weg om haar te laten rusten toen er plotseling een luide knal klonk. Ik keek om naar de open ruimte achter haar stal, waar soms vrachtwagens parkeren om dingen af te leveren of om de mestput te legen. Nu werd er iets gelost wat kabaal maakte toen het de grond raakte.

Meteen zei ik: *"Shit, Mia!"*

Elkaar bezorgd aankijkend renden we snel maar kalm terug naar haar stal, net op tijd om het arme paard niet één, niet twee, maar drie keer te zien worstelen om op te staan. Haar been kon haar gewicht niet houden en iedere keer als ze probeerde op te staan, zakte ze er gewoon doorheen. Ze begon in paniek te raken en daarbij was het stro in onhandige bergen opzij geschoven en kwam de vochtige en gladde betonvloer tevoorschijn. Uiteindelijk kwam ze halfspringend overeind, alsof ze wilde vluchten van het lawaai van inmiddels ruim een minuut geleden, waardoor ze weer viel. Ze lag in een rare kronkel en het was een griezelig gezicht. We konden niets voor haar doen en heel even voelde het alsof ze daar ter plekke dood zou gaan. Met mijn gezicht verborgen in mijn handen wilde ik roepen dat ze op moest houden, mijn hart scheurde in twee stukken omdat ik dacht dat haar been hetzelfde had gedaan. Ik deed de staldeur open in een poging om haar te helpen en net op het moment dat ik naar binnen wilde stappen, lukte het haar om overeind te komen en zich uit te schudden. We waren tijdelijk met stomheid geslagen door wat we op het laatste moment hadden gezien. Ze had alleen haar rechter achterbeen gebruikt om zichzelf omhoog te werken, rechtop zittend als een hond had ze afwisselend links en rechts op haar billen gezeten om zichzelf in positie te brengen om op te staan. We hadden haar iets zien leren; ze had een manier gevonden om om te gaan met haar gebroken been en deze ontdekking kalmeerde haar. Om te gaan liggen, zakken paarden zachtjes op hun voorknieën voordat ze hun achterhand over hun naar links of rechts wijzende achterbenen laten zakken. Om overeind te komen moeten ze eerst de voorbenen strekken en dan de achterbenen gebruiken om zich omhoog te duwen, hetgeen betekent dat een kort moment bijna al het lichaamsgewicht op de achterbenen rust. Het was haar gelukt om dit met één achterbeen voor elkaar te krijgen. Vanaf deze dag zag ik haar vaker liggen en als ze opstond viel me op dat ze de kunst van alleen haar rechter achterbeen gebruiken, had geperfectioneerd. Een stemmetje in mijn hoofd fluisterde wel zorgen over de eventuele schade die ze hiermee aan haar goede been kon oplopen, maar dit geluid werd al snel overstemd door andere gebeurtenissen die haar genezingsproces verstoorden.

De eerste maand, die voornamelijk bestond uit zoeken naar een routine en mensen die ons konden helpen, zodat ik ook nog kon werken, en uit het leren omgaan met de constante grote zorgen, ging verbazingwekkend snel voorbij. Andere obstakels waren nog meer leveringen die gepaard gingen met lawaai, kinderen en incidenteel een loslopend paard. De gebruikelijke dingen die horen bij een drukke pensionstal, maar die nu allemaal uitvergroot werden omdat het leven van mijn dierbare vriendin ervan afhing. Ieder jaar worden alle boxen met een hogedrukspuit gereinigd; dit was ook iets waar we mee om moesten zien te gaan. Eén van de moeilijkste dingen deze tijd was het overtuigen van bepaalde mensen dat het serieus een kwestie van leven of dood was voor haar. Ik weet niet waarom sommige mensen het niet serieus namen, misschien kenden ze niet alle feiten, misschien waren ze onwetend, het was *maar* een paard, of misschien kon het ze gewoon niet schelen. Het punt is dat het mij wel kon schelen en gelukkig ook veel andere mensen. Veel zaken lagen buiten mijn macht en het kwam tot het punt waarop ik makkelijk had kunnen breken. Ik kon met de staleigenaar afspreken dat het blok van vier boxen waar ze stond, gereinigd werd op de ochtend dat ik met haar naar de dierenarts ging voor de röntgenfoto's, dan hadden ze een paar uur de tijd om dit te doen. Ik wist bij het maken van deze afspraak al dat als ik het kon regelen en ik een plek voor haar zou vinden om verder te revalideren, ze niet terug zou komen, niet om zo te leven in ieder geval. Het was niet omdat ze niet wilden meewerken, maar het was gewoon een onmogelijke situatie voor ons allemaal en ik kon niet verwachten dat alle werkzaamheden werden stopgezet omdat mijn paard een probleem had.

In mijn pogingen om haar zoveel mogelijk te helpen, had ik drie grote oranje verkeerspilonnen voor haar boxdeur gezet, zodat mensen niet heel snel en heel dicht langs haar zouden lopen, waarbij ze zou kunnen schrikken en een verkeerde beweging met haar gebroken been zou maken. Met krijt schreef ik voor iedereen zichtbaar in koeienletters op haar boxdeur: *24/7 boxrust. GEBROKEN BEEN, moet rusten* en mijn telefoonnummer.
Dingen die ik niet wilde doen want het was duidelijk dat het paard in slechte conditie was en slecht nieuws gaat als een

lopend vuurtje, maar het bleek toch nodig want sommige mensen begrepen het nog steeds niet of negeerden gewoon de boodschap. Op een ochtend vroeg iemand me zonder enige inleiding of zoiets als goedemorgen, gewoon uit het niets:

"Wie denk je dat je bent?"

Geschokt door deze oppervlakkige vraag antwoordde ik sarcastisch:

"Ik heb geen idee, wie denk jij dat ik ben?"

Door de manier waarop er naar me gekeken werd, voelde ik me bijna schuldig, alsof er een politieauto vlak achter je gaat staan bij het stoplicht. Je hebt niets gedaan, maar voelt je toch betrapt.

De persoon zei: *"Dit alles, wat is dit?"*

- *"Heb je de boodschap op de deur gelezen?"*

"Ja, maar zo erg kan het niet zijn, is dit allemaal nodig?"

- *"Wat allemaal?"*

"De pilonnen, ze staan iedereen in de weg."

Je kan je waarschijnlijk wel voorstellen dat ik me moest inhouden, als ik eerlijk ben wilde ik niets liever dan de sarcastische toon eruit slaan. Ik kookte bijna over van woede, hetgeen aan mijn gezicht viel af te lezen. Een verontschuldiging was op zijn plaats geweest, maar dat zat er niet in. Ik haalde heel diep adem en deed mijn best om zo vriendelijk mogelijk uit te leggen dat er nog ruim vijf meter was waar mensen zonder problemen konden passeren. Het enige verschil was dat men dan even van het betonnen pad, waar de stal op stond, af moest om een klein stukje over zacht schoon en droog zand te lopen. Uiteraard kon hier niet meteen genoegen mee genomen worden en werd er nog even doorgezeurd. In een poging om een eind te maken aan deze conversatie die al te lang had geduurd, kaatste ik de vraag terug en zei:

"Met alle respect, wie denk JIJ dat JIJ BENT? Ik probeer alleen maar om het mijn paard zo comfortabel mogelijk te maken met de middelen die ik heb, zodat ze een kans heeft om hier doorheen te komen. Kan je me alsjeblieft vertellen wat het echte probleem is?"

Terwijl ik het zei, daagde het me. Het had niets te maken met de situatie, het ging niet om Mia, het ging nergens over, het ging alleen om de persoon zelf en dat is eigenlijk bijna altijd het geval bij dit soort zaken. Ik had het me niet eerder gerealiseerd omdat ik nog moest bekomen van alles wat er gezegd was. Mijn toon was stellig maar niet gemeen en daarmee kwam een veel mildere reactie:

"Het spijt me, ik wist niet dat het zo erg was, ik heb mijn leesbril niet op."

Ik haalde mijn schouders op en met mijn handen in de lucht alsof ik wilde zeggen *ik geef het op*, liep ik weg.
Ik wilde nog zeggen:
Misschien moet je het de volgende keer eerst even vragen en *welk deel van gebroken been heb je niet begrepen*, maar besloot de eer aan mezelf te houden.

Diezelfde dag toen ik op het punt stond om naar huis te gaan, Mia gedag zei en naar de parkeerplaats liep, keek ik nog even achterom. Hoewel de pilonnen de weg versperden, liep iemand met haar paard langs, stopte en liet haar paard zijn hoofd in Mia's box steken om gedag te zeggen.
Ik dacht bij mezelf *echt? Dit loopt de spuigaten uit!*
Het was verre van ideaal en op het moment dat ik terug wilde lopen om er iets van te zeggen, stapte nou net de persoon die me eerder had ondervraagd naar voren en gaf haar een standje. Ik

was totaal verbaasd, kreeg een blik van verstandhouding en terwijl de nietsvermoedende stalgenoot verder werd opgevoed met de nieuw opgedane kennis, liep ik door en ik kon het niet laten maar ik had een klein overwinnaarshupje in mijn pas. Dit is één voorbeeld van de dingen die we meemaakten, toch was niet alles negatief, zeker niet. We kregen veel goede wensen en steun van mensen die meeleefden en om ons gaven en we maakten veel nieuwe vrienden. Lieve gebaren zoals het kopen van cadeautjes voor Mia en af en toe een fles wijn of chocola voor mij, bleven die drie maanden steeds komen. Met open armen ontvingen wij dingen als reiki, healing touch en red light therapy. Ik hoorde voor het eerst over, en ontdekte de helende werking van, rood licht therapie door mijn mentoren op campus in de Verenigde Staten in 2010 en ik weet zeker dat dit heeft geholpen bij haar genezing. Niet alleen door de ondersteuning bij het aanmaken van nieuwe cellen en het genezen van het lichaam, maar ook voor algemeen welzijn en een gezonde geest. Alle beetjes hulp droegen bij aan het beter worden van Mia, maar hielpen ook bij mijn innerlijke strijd om te leren leven met een gebrek aan controle over dingen zoals haar omgeving en mijn gevoel van hulpeloosheid als mensen me in een hoek dreven. Soms werd ik uit het veld geslagen door hun wreedheid. Ik was te zwak om te vechten en te aardig om nee te zeggen. Als professional met een bepaalde reputatie, kon ik het me niet permitteren om altijd precies te zeggen wat ik wilde, helemaal omdat mijn paarden bij iemand anders op zijn terrein stonden.

Uiteindelijk was de confronterende conversatie deze dag de druppel die ervoor zorgde dat ik serieus op zoek ging naar een andere plek voor haar, direct na het maken van de röntgenfoto's, zodat ze daar verder kon revalideren, als we ooit zover kwamen. In Nederland zijn heel veel revalidatiecentra voor paarden. Twee hiervan waren me aanbevolen door vrienden en deze ging ik bekijken. Ik was bereid om haar naar de best denkbare plek te brengen, zelfs als ik ervoor naar Duitsland of overzee naar Engeland moest gaan. Bij de eerste waar ik ging kijken, was de eigenaar vergeten dat ik kwam en was er niemand om me rond te leiden. Niet een hele goede start en toen ik zelf maar een kijkje nam, zag ik al snel dat dit niet de goede plek voor ons was. De ligging was pal naast een snelweg en hoewel alles goed verzorgd en schoon was, hadden de paarden niets om naar te kijken behalve elkaar of een muur. Het bestond vooral uit rijen en rijen boxen met zieke en treurig uitziende paarden. Ik denk dat ik er tien minuten was en ik ging ietwat depressief weg, niet omdat ik nog geen plek voor haar gevonden had, maar dit gevoel kreeg ik door deze stal. Ik ging de snelweg weer op om twee uur verder naar het noorden te rijden, naar de tweede locatie. In de auto bekroop me een gevoel van weerzin en een zeurend stemmetje zei me gewoon om te keren en naar huis te gaan. Het kostte me best wat moeite om mezelf ervan te overtuigen om door te rijden. Ongeveer halverwege verloor ik bijna de macht over het stuur toen een grote steen tegen mijn voorruit sloeg en een enorme scheur veroorzaakte. Met nasuizende oren van de klap stopte ik bij de eerste beste benzinepomp om de schade op te nemen. Gelukkig was het aan de passagierskant en was er maar één uitloper naar de bestuurderszijde. Het was een teken hield ik mezelf voor. Ik had moeten omkeren toen ik dat eerder dacht, maar nu was ik zo dichtbij dat een kijkje nemen geen kwaad kon.

Toen ik weer in de auto zat was ik alles snel vergeten en toen ik arriveerde, werd ik begroet door een man die rondreed op een Segway. Hij wees me de weg naar de parkeerplaats en vertelde me waar ik hem zou vinden aan de andere kant van een groot groen hek. Ik parkeerde mijn auto, raapte mijn gedachten en spullen bijeen en ging naar de hoofdingang. Het was een prachtige plek, zeker na de vorige. Hij gaf me een uitgebreide rondleiding in een elektrisch golfkarretje en terwijl we rondreden om het hele erf te bekijken, begon me te dagen hoe groot het was, het was enorm. De keuzemogelijkheden waren niets minder dan fantastisch, een vijfsterren hotel voor paarden. De stallen varieerden van 3x3 tot 10x10 meter. Je kon kiezen welk soort hooi je aan je paard wilde laten voeren en hoe vaak per dag *en* nacht. Sommige stallen hadden zelfs airconditioning en toen ik dat zag, besefte ik dat dit veel te hoog gegrepen was voor mij.

Perfect misschien voor mensen met een goed gevulde bankrekening, maar niet geschikt voor mij. Na het zien van de prachtige binnenbak, die rondom spiegels had aan alle vier de zijden, de warmwater douche en massageruimte, het zwembad en alle andere luxe zaken, durfde ik bijna niet naar de prijs te informeren. Na de rondleiding bood hij me een kop koffie aan op het prachtige terras en vroeg me wat er met mijn paard aan de hand was, wat ik van de stal vond en welke zorg er nodig was als ze daar zou komen. Daarna liet hij me de lijst zien van alles wat ze te bieden hadden en de bijbehorende prijzen. Opgelucht dat ik niets hoefde te vragen, gaf ik antwoord op zijn vragen, met mijn beste pokerface terwijl mijn ogen over de niet misselijke bedragen gingen. Eerlijk gezegd was het zo duur, dat ik beter een hypotheek voor mijn eigen boerderij had kunnen afsluiten. Het minimum van een 3x3 box, die twee keer per dag werd uitgemest, drie keer hooi per dag en één keer per nacht en één voerbeurt voor vitaminen en supplementen, was net zo duur als mijn huidige hypotheek. De prijs van de grootste box met airconditioning zonder verdere diensten was al duurder dan mijn hypotheek. Zakenman als hij was, las hij mijn lichaamstaal en probeerde me nog te overtuigen dat hij de prijs kon aanpassen als ik langer dan een jaar zou blijven. Ik bedankte hem voor dit gebaar en zei dat ik er binnen een paar dagen op terug zou komen. Hij liet me achter met een tweede kop koffie en terwijl ik daar zat gingen de gedachten *wat als* door mijn hoofd.

Het was inderdaad een geweldige plek, de paarden waren kalm en ik kon de vogels horen zingen in de vele bomen die verspreid over het terrein stonden. Toen ik opstond om weg te gaan, zag ik hem weer voorbijkomen op zijn Segway. Vier paarden stonden met hun hoofd over hun deur te soezen in de late middagzon en terwijl hij ze passeerde, stak hij zijn hand uit om de leren halsters die ze nog omhadden, af te doen. Het laatste paard schrok van zijn uitgestoken hand en helaas stond hij erop dat het halster op deze manier af gedaan zou worden, hetgeen erin resulteerde dat het paard zijn hoofd naar achter trok en zijn neus stootte tegen de bovenkant van deuropening. Al had ik nog zoveel geld, ik wist nu zeker dat ik mijn prachtige paard hier nooit heen zou brengen. Eén verkeerde duw, ruk of andere beweging door deze man en ik kon me Mia's reactie alleen maar inbeelden. Wat me nog meer angst inboezemde was de mogelijke reactie hier weer op van zijn kant. Daarbij, we hadden al ervaren wat de bovenkant van een deuropening kon doen met haar neus.

Een beetje moedeloos zocht ik verder naar andere mogelijkheden en al zoekende ontdekte ik wat me dwars zat. Tegen het advies van de dierenarts in begon ik toch te fantaseren over een plek voor haar waar ze rustig, misschien wel in een kleine paddock kon staan, in plaats van opgesloten in een stal. Ik nam contact op met iemand die hier mogelijk bij kon helpen, de man en tevens professional bij wie ik mijn eerste clinic met Mia had gevolgd en die in de loop der tijd een goede vriend was geworden. Ik stuurde hem een e-mail waarin ik de situatie beschreef en uitlegde dat we slechts een kleine paddock nodig hadden en dat ik uiteraard zou betalen voor haar verzorging. Ik kreeg meteen antwoord dat ze graag wilden helpen en wanneer ik haar kwam brengen! Ik stond te trillen van blijdschap en geluk toen ik mijn antwoord typte. Ik schreef dat we op 29 augustus röntgenfoto's zouden laten maken en dat als alles goed was, we dan meteen door zouden rijden. Ik was zo ongelofelijk dankbaar en opgelucht dat we een oplossing hadden gevonden. Nu moesten we alleen nog de laatste weken door zien te komen en afwachten wat de röntgenfoto's zouden laten zien.

Op 28 augustus organiseerde ik een klein afscheidsfeestje met wat te drinken en stoelen voor haar box, om te vieren dat ze er nog was en om haar succes te wensen met de foto's de volgende dag en haar nieuwe huis. De meiden hadden een prachtige taart geregeld met haar foto erop. Het was een gezellige maar ook rare avond met de wetenschap dat de volgende dag beide kanten op kon gaan. Niemand had haar de afgelopen drie maanden nog zien lopen, de gedachte hieraan maakte me misselijk, maar ik bleef mijn best doen om dit niet te laten merken als ik bij haar in de buurt was. Maar goed, het maakte niet uit, ik had het toen, daar, al kunnen weten. Haar energie, haar geest en bereidheid om te socialiseren, aangeraakt te worden en geliefkoosd door zoveel verschillende mensen de afgelopen maanden, hadden de uitkomst al voorspeld. Als er iemand was die wist dat alles goed zou komen, was zij het.

HOOFDSTUK 7

De weg naar herstel Bouwstenen van dromen

De grote dag was daar. Drie maanden niet kunnen bewegen en nu van haar verwachten dat ze haar stal uit zo mijn trailer in zou lopen, zorgde voor wat vlinders in mijn buik. Mijn ouders waren overgevlogen om me te steunen en samen met een vriendin en mijn echtgenoot, maakten we ons op voor wat ik hoopte een lange reis zou zijn. Ik had geen idee hoe ze zou reageren bij haar eerste stappen in vrijheid, maar ze stapte haar stal uit en de trailer in, die ik zo dichtbij mogelijk had geparkeerd, alsof ze het de dag ervoor nog gedaan had. Nog opvallender was de manier waarop ze liep, ze liep niet alleen rechtdoor, maar ze belastte ook haar gebroken been. Mijn hart ging als een razende tekeer, aan de buitenkant gaf ik geen krimp. Het was te mooi om waar te zijn en uit angst om te enthousiast te worden, hield ik mijn mond.

We waren in een mum van tijd bij de kliniek waar de dierenarts en zijn assistent ons opwachtten. Nog steeds een man van weinig woorden, klonk er toch enige opwinding en nieuwsgierigheid in zijn begroeting. Zonder woorden nodigde hij me uit om haar in de onderzoek-stand te zetten en liet me alleen om dit te doen. Ze betrad de donkere ruimte die naar ziekenhuis rook weer met sceptische ogen, maar stapje voor stapje vertrouwde ze dat ik haar zijwaarts in de stand zette. Het was duidelijk dat ze bang was, maar voor deze ene keer had ik het gevoel dat ze wist dat het *voor* haar en niet *jegens* haar was. Behalve dan de naald voor de verdoving, ze wist precies wat er ging komen en daar protesteerde ze nog steeds tegen. De routine die we hadden ontwikkeld was het enige dat ik kon doen om te proberen haar heftige reactie naar de dierenarts en zijn dodelijke naald onder controle te houden. Ik maakte het touw op zo'n manier vast dat het slap hing als zij rustig en kalm was en als ze hem wilde bijten trok het touw strak. Ze had heel snel door hoe dit werkte en binnen vijftien seconden was het over. Mijn ouders en man bleven buiten wachten en mijn vriendin en ik bleven binnen tot de verdoving zijn werk deed. Daar stond ze weer, langzaam verdoofd rakend, zo mooi, zo sterk en zo ontzettend onschuldig.

Tien minuten later kwamen de dierenarts en zijn assistent weer binnen en mijn vriendin ging naar buiten terwijl wij onze loodschorten omdeden en ze het röntgenapparaat gebruiksklaar maakten. Ik stond weer bij Mia haar hoofd, kijkend naar dit vreemde apparaat dat als een soort reusachtige luidruchtige slang door de ruimte ging en toen hij op zijn plek stond, begon ze te bewegen. Ik wisselde een blik met de dierenarts waarbij hij me geruststellend aankeek, maar deze keer wisten we allebei wat er kon gebeuren, dus zodra de assistent de plaat tussen haar benen deed, begon hij weer te zingen en *klik* het was gedaan, gevolgd door een haastige maar soepele aanpassing in de machine voor een andere hoek en *klik* het was weer gedaan. Mia, de assistent en ik, haalden opgelucht adem en de dierenarts verdween in het kleine kantoortje om de foto's te bestuderen.

Het was op dit moment dat iets in mij zeker wist dat ze zou genezen. Ik durfde het nog niet hardop te zeggen, maar de manier waarop ze achterwaarts de trailer af was gegaan en de onderzoeksruimte in was gelopen, hoe kon het anders zijn. Mijn vriendin kwam weer binnen om samen in spanning op de uitslag te wachten. Eindelijk was het moment daar en hij riep me met een warme maar voorzichtige glimlach bij zich in zijn kantoortje. Voordat hij begon te praten, scanden mijn ogen de computerschermen, op zoek naar een verandering. Hij begon uit te leggen dat het bot inderdaad was begonnen te genezen zoals zou moeten en dat het afgebroken stuk weer begon vast te groeien. Naast de dag dat ik trouwde en een paar andere hoogtepunten in mijn leven, kan ik me niet herinneren ooit zo gelukkig geweest te zijn. De sfeer binnen veranderde van gespannen verwachting in grote blijdschap, al werd ik er snel aan herinnerd dat we er nog niet waren, er was nog een lange weg te gaan. De breuk moest nog verder helen, anders stond de kwaliteit van leven of zelfs haar leven zelf nog op het spel. Ik bedankte de dierenarts meer dan nodig was en ging Mia terug in de trailer zetten voor de reis naar haar nieuwe huis. Met de dierenarts sprak ik af dat ik na ongeveer een jaar terug zou komen om haar been weer te onderzoeken, of eerder als de omstandigheden daarom vroegen. Bij het afscheid wenste hij ons het allerbeste.

Krap vijf uur later kwamen we aan op de plaats van bestemming, een reis die eigenlijk drie uur had moeten duren, maar vertraagd werd door lokaal verkeer. Toen we het erf opreden, voelde ik mijn schouders en lichaam ontspannen. Ik denk dat ze niet zo ontspannen waren geweest sinds de diagnose van haar gebroken been. Ik ben nooit fan geweest van het per trailer vervoeren van paarden. Het is niet de trailer of de weg waar ik bang voor ben, maar de andere weggebruikers en hun ongeduld. De wegen in Nederland zijn soms behoorlijk smal en chauffeurs kunnen behoorlijk gefrustreerd raken als ze niet kunnen inhalen.
Het was zo fijn om daar te zijn en met een warm welkom door mijn vrienden laadde ik Mia uit en bracht haar naar haar nieuwe paddock. Het was zoveel fijner dan ik ooit had gehoopt, het kon niet beter passen bij onze behoeften en mijn wensen. De paddock lag op een soort binnenplein bij een oude maar gezellige boerderij en was ongeveer twaalf bij zes meter. Hij was afgezet met aluminium panelen die speciaal ontwikkeld zijn voor paarden. Ernaast waren twee grote stallen en de voeropslag. In het midden was een gang, breed genoeg voor een tractor en aan de andere kant een opslag voor hooi. Tegenover haar stonden haar nieuwe vriendjes, wezens die ze nog nooit eerder gezien had en dat waren ezels.
De paddock had een harde droge betonnen vloer om haar te stimuleren om langzaam te bewegen en rond te scharrelen zonder te struikelen of uit te glijden en in één hoek lag wat stro waarmee ze kon doen wat ze wilde. Er was een grote wateremmer en een slowfeeder hooinet, gevuld met heerlijk vers geurend hooi. Bij

het van de trailer stappen, wist ze waar ze was aangezien ze hier met clinics en studiedagen in totaal al zo'n zes weken had doorgebracht. Het kostte haar daarom niet veel tijd om te settelen en te relaxen. Ze dook meteen in het hooi en bestudeerde af en toe de omgeving, totdat de buurezels opdoken. Zij hadden een zelfde soort ruimte met dat verschil dat die van hun veel groter was en zij konden vrij rondscharrelen in een grote zandpaddock. Het was komisch om te zien hoe de kleine jongens onderzoekend hun nieuwe buur kwamen bekijken, een groot zwart paard dat nu bang was, maar tegelijkertijd erg nieuwsgierig. Hoewel ezels op paarden lijken en van dezelfde familie afstammen, bewegen en ruiken ze anders. Sommige paarden worden onrustig als ze in de buurt zijn. Mia had er duidelijk even moeite mee, maar vond ze al snel geweldig. Het kostte een paar voerbeurten waarbij de ezels veel lawaai maakten, hetgeen balken heet in plaats van hinniken, om aan ze te wennen. Het lawaai echode rond de boerderij en ik denk dat de wind het geluid een behoorlijke afstand kon meenemen, maar alles bij elkaar en de mogelijkheid die ze had om te scharrelen, had ik er geen last van zoals wel het geval was bij haar stal thuis. Ze had al zo vaak op zoveel verschillende manieren bewezen dat ze voor zichzelf kon zorgen als ze de kans en de ruimte hiervoor kreeg, dat ik daar vertrouwen in had. Ik was dit haar verschuldigd. Nog een voordeel was dat ze niet meer verdoofd hoefde te worden. Dit was beter voor haar algehele welzijn en paste beter bij mijn eigen principes en filosofie.
Niet lang nadat we haar hadden afgezet, gingen we weer op huis aan. Ik mocht mijn trailer achterlaten en we spraken af dat ik het volgende weekend terug zou komen. Een nieuw begin was begonnen; ze kon nu rusten in deze vreedzame idyllische omgeving en werd verzorgd door mensen waar ik van hield en die ik boven alles vertrouwde.

Ik ging zo vaak als ik kon op bezoek, meestal iedere vier tot zes weken en eerlijk gezegd maakte hun vriendelijkheid het makkelijker om er niet mee te zitten als het niet eerder lukte. De eerste dagen was het heel raar om haar niet bij me in de buurt te hebben. Na er alle pijnlijke dagen voor haar geweest te zijn, strijdend om haar te beschermen en veilig te laten voelen, zat er nu tijdelijk een groot gat in mijn dagelijkse schema. Afstand versterkt de liefde inderdaad en iedere keer als ik op bezoek ging, merkte ik dat ik de laatste kilometers van de reis zat te neuriën of te glimlachen bij de gedachte dat ik haar weer zou zien. Het was een vrij strenge winter, met veel sneeuw en veel hevige regen. De plek waar haar paddock was, kon niet beter zijn, met bescherming tegen wind en regen in de winter en koele schaduw in de zomer. Ze was dol op haar ezels die hielpen een gezonde omgeving te bieden. Ezels kunnen een soort therapeutische werking hebben en ik ben er zeker van dat Mia hier profijt van had. In de droge zomermaanden kwamen de ezels vaak uit hun paddock naar een wei dichtbij en Mia begroette ze altijd als ze terugkwamen met een moederlijk hinnikje en een uiting van blijdschap door een klein huppeltje en het schudden van haar hoofd. Met het verstrijken van de tijd maakten we nieuwe vrienden en één dame in het bijzonder nam de taak op zich om Mia onder haar vleugels te nemen door haar extra aandacht en verzorging te geven. Ze poetste haar, maakte haar hoeven schoon en deed speeltjes in haar waterbak. Ze ging ook gewoon bij haar zitten om niets te doen en legde eetbare takken in de paddock zodat ze iets te doen had. Soms liet ze kinderen helpen en voor zover ik weet genoot Mia van alle aandacht. Ik noemde haar Mia's beschermengel en net als bij mijn vrienden die direct bereid waren om te helpen en de zorg op zich te nemen, zal ik nooit in staat zijn om te beschrijven hoe groot mijn dankbaarheid is.

Tegen de lente van 2014 leek het ongelofelijk goed te gaan met Mia. Ondanks dat wel duidelijk was dat ze spiermassa verloren had en dat haar hoeven, hoewel op regelmatige basis bekapt, het zwaar hadden, liet ze ons zien dat het goed met haar ging in geest en energie.

Om de werking van hoeven te kunnen begrijpen, kan je deze vergelijken met vier extra harten. Bij iedere stap die gezet wordt, wordt er bloed in gepompt, zodat de wand en de interne structuur gezond blijven. Nu ze alleen beperkt kon bewegen op haar luxe

paddock waren haar hoeven veranderd. Al met al een kleinigheid als je bedenkt dat dit paard er nog steeds was en voor ons stond. In een poging om haar hiermee te helpen en de kwaliteit van haar leven te verhogen, besloten we om de paddock achter die van haar ook open te stellen. Deze tweede paddock was net zo groot als die waar ze in stond en gaf haar de mogelijkheid om extra rond te scharrelen en dingen te onderzoeken. Bovendien lag er zand met compost zodat ze naar hartenlust kon rollen.
Ondanks de pogingen van mensen om deze majestueuze en eigenzinnige dieren schoon te houden, vinden ze het heerlijk om vies te zijn. Zoals bij de meeste zoogdieren doet het wonderen voor hun huid en vacht, het helpt om insecten en huidinfecties buiten de deur te houden en het rollen helpt paarden om hun lichaam en rug te rekken en strekken op een manier die rechtop staand niet mogelijk is. De paddock gaf haar ook een nieuw uitzicht op de boerderij, ze kon er kijken naar haar geliefde ezels op de wei en als ze wilde kon ze lekker in de zon gaan staan. Terugkijkend heb ik niets dan bewondering voor dit paard. Ze deed het helemaal zelf; met onbekende communicatie en energie gaf ze zich over aan het idee dat ze daar lange tijd zou zijn en ze deed dit zonder hulp, verdovende middelen of pijnstillers.

Met Mia op weg naar herstel bracht ik mijn werk naar een hoger plan. Ik bracht zoveel tijd met Kheelen door als een jong paard aankon en voor de rest ging alles zijn gangetje. Maar het universum had nog een verrassing voor me in petto, een dans die ik diep had weggestopt en dacht te ontspringen door gewoon door te gaan, en dat was nog een burn out. Als je het niet zelf hebt meegemaakt, is het gevoel bijna niet uit te leggen. Mensen zoals ik reageren niet heftig op situaties op het moment dat ze zich voordoen maar hebben de neiging om alles op te potten, de zogenaamde binnenvetters. Deze gevoelens hadden de kop al opgestoken toen Kheelen ziek was en in de periode van de hoefzweer van Mia tot het moment dat ik erachter kwam dat haar been gebroken was. Op de één of andere manier was het me gelukt om deze gevoelens weg te stoppen maar in de winter van 2013-2014 kreeg het vat op mij en mijn lichaam en ik werd de zwakkere versie van mezelf, zonder zelfvertrouwen. Ik werd extreem introvert en verviel in mijn oude gewoonte van niet in mezelf te geloven. Ik kwam bijna twaalf kilo aan die winter en was me daar in de lente die volgde buitengewoon bewust van. Met het soort werk dat ik doe met mensen en paarden, is een goede lichamelijke conditie belangrijk. Je bent altijd actief en in beweging, dus ik vond het heel erg oneerlijk dat ik was aangekomen, helemaal omdat ik niet anders was gaan eten. Een ongezonde of negatieve geest kan snel leiden tot een ongezonde of negatieve reactie in een lichaam en bij mij werd de diagnose gesteld dat er naast een burn out ook sprake was van een milde maar desalniettemin serieuze vorm van depressie. Om dit over jezelf te horen is nogal wat en als je niet oppast, raak je hiervan nog dieper in de put. Met professionele hulp leerde ik van de nood een deugd te maken en er weer bovenop te komen, af te vallen en door te gaan. De belangrijkste les die ik leerde was dat het geen zwakte was maar juist een kracht om niet toe te geven aan emoties. Sterke personen doen dit en als het lijf het niet meer aankan, zoekt het een uitweg.

Dit was mijn lichaam dat zei *laat het los*.

Achteraf gezien kan ik bepaalde perioden in mijn leven aanwijzen waarin ik waarschijnlijk zonder het te weten ook een vorm van depressie had. Ik kwam dan ook een paar kilo aan, maar nooit zoveel als nu. De oplossing was een verandering in manier van leven, routine of een grote positieve gebeurtenis. Achter de schermen werkte ik keihard om me weer goed te voelen. Niet makkelijk als alles een opgave is, je alleen maar opgekruld op de bank wil liggen en wil verdwijnen in een film of droomland, maar toch lukte het me. Ik verloor onderweg een paar vrienden die ofwel niet begrepen wat er aan de hand was of het niet wilden begrijpen, maar dat geeft niet, het is wat is het is, ik ben wie ik ben en zij zijn wie zij zijn. Ik ben zo gegroeid en heb zoveel geleerd over lichaam en geest van de mens, dat ik nu in staat ben om deze kennis over te dragen in mijn lesgeven.

In juni 2014, nog niet op mijn best, ging ik naar de VS voor zes weken extra opleiding op de campus. Het was perfecte timing,

Mia was nog aan het revalideren en Kheelen was nog zo jong dat een lange vakantie totaal geen probleem was. Terwijl ik in Amerika was, hield ik contact met de verzorgers van Mia en ze stuurden me prachtige beelden van haar in een privé meertje waar ze speelde met het water. We hadden besloten om op ons gevoel af te gaan met haar en ze waren begonnen met korte wandelingetjes van een minuut of tien over het erf, om haar weer extra kwaliteit van leven te geven. Het werd zover opgebouwd dat de laatste twee weken van haar verblijf daar, ze zelfs een paar uur per dag in een kleine wei kon staan. Voor het eerst sinds lange tijd kon ze weer grazen en echt paard zijn. Ik dacht oprecht dat ik nooit meer op haar kon rijden en dat dit daarom geen kwaad zou kunnen. Met de wetenschap dat ze het naar haar zin had en de beste zorg mogelijk kreeg, herstelde ik zelf ook en toen ik thuiskwam van mijn reis, begon ik eindelijk af te vallen. Na veel diepgemeende dankbetuigingen kon ik Mia eindelijk mee naar huis nemen.

Zoals haar beschermengel zei:
"Het was tijd."

HOOFDSTUK 8

Zwarte Ruis   De tweede breuk, verbazing

Zoals altijd reageerde Mia op de weg die naar haar stal leidt. Ze hinnikte en het hele stuk op de door bomen omzoomde weg, tot waar je de oprit opdraait, voelde ik de trailer bewegen door haar opwinding. Het sterkte me in het gevoel dat we goed bezig waren, ze leefde en ze liet iedereen weten dat ze er was. Ze bracht de nacht door in een paddock met Kheelen en de volgende dag gingen we naar de dierenarts voor controle en röntgenfoto's. Een vriendin vergezelde me en we waren tijdens het korte ritje voornamelijk diep in gesprek over wat mijn eventuele verdere plannen met haar waren. We waren te vroeg dus moesten nog even wachten en ik laadde Mia uit zodat ze wat kon wandelen en ze gras kon eten, iets waar we nog niet aan toe waren gekomen. Terwijl ze liep, viel me op dat ze een keer of twee struikelde met haar rechter voorbeen. Ik overtuigde mezelf dat het niets ernstigs was, dat haar voeten misschien overgevoelig waren na de lange rustperiode.

De dierenarts begroette me met dezelfde glimlach en verwachting als een jaar geleden en deze keer, voor me naar binnen uit te nodigen, vroeg hij om haar eerst te zien bewegen. We gingen een kraal met klinkers op de bodem binnen, waar hij haar in beweging op een cirkel zowel links- als rechtsom in stap en draf kon beoordelen. Tot mijn ontsteltenis bleek ze kreupel. Tot op zekere hoogte was er reden tot vreugde want haar gebroken achterbeen bewoog zoals het moest en vertoonde geen tekenen van problemen; het was nu haar rechter voorbeen dat onze aandacht trok. Hij wilde haar nog één keer op een rechte lijn zien bewegen, waar het minder opvallend maar nog steeds zichtbaar was. Toen vroeg hij formeel, maar gekscherend of hij kon proberen om haar aan te raken voor verder onderzoek. Ik twijfelde geen moment en nodigde hem met een handgebaar uit om te doen wat nodig was. Niet alleen liet ze zich door hem aanraken, ze vond het ook totaal geen probleem dat hij haar pijnlijke voorbeen oppakte. Er was geen spoortje van verzet. Het duurde heel even voordat ik doorhad wat er gebeurde en ondanks de vervelende situatie waar we ons in bevonden, was dit gelet op waar we vandaan kwamen, toch een memorabel moment. Na uitgebreid voelen, zacht knijpen en duwen om uit te vinden waar het pijn deed, stelde hij voor om het been in etappes uit te verdoven. Net zoals bij de tandarts je tandvlees verdoofd wordt, kan met lokale verdoving een paardenbeen verdoofd worden en onderzocht worden waar de kreupelheid vandaan komt. Een zeer gebruikelijke onderzoekstechniek in de paardenwereld. Ze stond toe dat hij haar voet injecteerde en gedroeg zich daarbij zoals ze bij mij doet en bij haar beschermengelen had gedaan, ze bood aan om haar voet omhoog te houden om te helpen. Na de afgelopen veertien jaar, met alle zorgen, het strijden, mijn excuses aanbieden en achtergrond informatie verschaffen aan mensen en met name haar behandelend artsen, was dit in mijn ogen niets anders dan verbazingwekkend. Hij moest zelf ook lachen en grapte dat de tijd haar misschien wel had genezen. Het blije moment was helaas maar van korte duur toen bleek dat de verdoving geen resultaat liet zien en we besloten dat er dan ook maar röntgenfoto's van haar voorbeen gemaakt moesten worden. Op dezelfde manier als eerder gingen we naar binnen, zijwaarts de onderzoek-stand in, gevolgd door een roesje. Niets nieuws voor haar en ik was opgelucht om te zien dat ze er, ondanks haar niet al te beste herinneringen hier, geen vraagtekens bij leek te zetten.

Hij riep me zijn kantoortje binnen en liet me eerst de foto's van de linker achter knie zien. De breuk was verder geheeld en aan elkaar gegroeid en vergeleken met de laatste foto kon ik dat met mijn ongetrainde oog ook zien.
Zijn enige waarschuwing was dat het aangegroeide bot waarschijnlijk nog wel zwak was, maar dat dit op foto's niet te

zien was en dat daarom niet te voorspellen was of het nogmaals zou breken. Deze laatste woorden werden al snel verdrongen toen hij mijn aandacht vroeg voor de foto's van haar rechter voorhoef. Ik hoorde aan zijn toon dat hij zelf niet kon geloven wat hij me moest vertellen en dat was dat ze inderdaad nog een bot gebroken had.

De eerste keer dat deze woorden zijn mond verlieten, meer dan een jaar geleden, was ik onbewust onbekwaam, een staat die ik *Witte Ruis* noem. Deze keer was ik onbewust bekwaam, waaraan ik refereer met *Zwarte Ruis*. Ik slaagde erin om hem vragen te stellen als waarom en hoe dit gebeurd kon zijn. Ik kon het amper geloven en voelde boosheid, niet naar hem en natuurlijk niet naar Mia, maar jegens het universum dat ons alweer voor een uitdaging stelde.

Terwijl ik Mia daar zo zag staan, onwetend wat er nu weer aan de hand was, voelde ik zoveel verdriet voor haar. Dit arme prachtige paard dat zover gekomen was. Het was alsof een zwarte sluier over mijn hart werd getrokken, maar toch vond ik de kracht om weer voor ons te vechten, ik kon niet anders. Met alles wat ik geleerd en gebruikt had om zelf te genezen en de persoon die ik was geworden, wist ik dat ik nu niet zou stoppen en ik begon de stukken bijeen te rapen en te bekijken hoe we deze uitdaging het hoofd gingen bieden. Een schrale troost was dat deze breuk er één was die de dierenarts vaker had gezien. Helaas komt deze met enige regelmaat voor bij springpaarden en het kan ontstaan doordat de hoef teveel gewicht in één keer te verduren krijgt of te vaak gedurende een lange periode.

Ze had een zogenaamde scheur in de vleugel van het hoefbeen. Vergeleken met de menselijke anatomie is het hoefbeen equivalent aan het vingerkootje onder onze nagel. Paarden lopen op hun vingertoppen om het maar zo te zeggen. Het hoefbeen zit volledig in de hoef, achter de hoefwand en wordt op zijn plaats gehouden door lamellen. Er was duidelijk schade en dit soort breuken zorgt voor instabiliteit bij iedere stap die het paard doet.

Het is grappig hoe dingen werken. De kern van mijn opleiding tot dan toe en wat ik geleerd had aan andere mensen en hun paarden, had geen beter voorbeeld kunnen krijgen. Om op te kunnen staan, moet je eerst vallen; hoe hoger je klimt, hoe harder je valt en als je eenmaal te top bereikt, is de beloning groot. We waren nog niet hoog genoeg geklommen, maar wat ik erkend had en tot op de dag van vandaag probeer vast te houden, was de verandering in mezelf en hoe dit mijn paard beïnvloedde. Herstel van mijn depressie had me ander mens gemaakt, met een nieuwe uitstraling en nieuw zelfvertrouwen. Ik zal niet zeggen dat ik herboren was, wel wakker geschud misschien en Mia wist dit. Toen de dierenarts haar onderzocht was de gedachte dat ze daar een probleem mee kon hebben, niet in me opgekomen. Toen hij de naald tevoorschijn haalde waarmee hij haar pijnlijke voet ging injecteren, reageerde ze niet, en ik deed dat evenmin. Mijn paard had mij weer een levensles gegeven en hoewel mijn meesters mij dit al duizenden keren hadden verteld, had ik het nu uit de eerste hand ervaren. Ik begreep nu precies waar ze het over hadden, begreep nu echt wat ze zeiden. Ze zeggen evenaar de energie van je paard, niet zijn emoties, hetgeen betekent dat de problemen die ze had met naalden, half veroorzaakt werden door wat ik ervan vond en half door wat zij ervan dacht. Mijn gedachten waren zichtbaar in mijn lichaamstaal en hoe klein ook, zij zag het. Laten we niet vergeten dat paarden kampioenen zijn in het lezen van lichaamstaal.

Ik stond aan het begin van het leren begrijpen van deze zaken en sta daar eigenlijk nog steeds. Eerlijk gezegd, als mensen iets anders beweren en zeggen dat ze alles al weten, dan zijn het waarschijnlijk enorme opscheppers, want er is zo ontzettend veel te leren. In de jaren voordat we naar Nederland verhuisden, tot het punt waarop ik haar wilde verkopen, dacht ik dat we geen band hadden. Het beeld dat ik in mijn hoofd had, was dat van een paard dat dwars door de wei naar je toe komt galopperen als je het roept. Ik zat er helemaal naast en was erg kortzichtig. Zij leerde me mijn geest open te stellen en de eindeloze mogelijkheden te ontdekken van hoe een band eruit kan zien en kan voelen. Mia galoppeert niet door de wei naar me toe en ze

volgt me niet overal, zoals ik het in mijn dromen zag, maar ze deelt haar innerlijke emoties en ze heeft haar eigen manier van tijd met me delen. Ze heeft een tijd zonder klok, zolang ik een positieve leider ben, neemt ze me serieus. Mijn negatieve gedachten en emoties beïnvloeden die van haar. Kheelen aan de andere kant, komt wel rennend naar me toe als ik hem roep. Hij voldoet meer aan het ideaalbeeld dat ik had en miljoenen mensen wereldwijd nog steeds hebben. Het zijn individuen, en net als jij en ik, zijn geen twee paarden hetzelfde.
Tijdens mijn gevechten tegen depressies, had ik er de meeste moeite mee dat ik mezelf niet leuk vond. Ik was vaak boos en om redenen die ik me nu niet eens meer kan herinneren, had ik mezelf ervan overtuigd dat ik een slecht mens was. Hoewel ik het niet echt meende, had ik geen controle over deze gedachten. Waar ik ook mee worstelde was de vraag hoe het mogelijk was dat iemand die zoals ik, alles had wat haar hartje begeerde, zich toch zo kon voelen. Het was iets wat mijn echtgenoot op een dag nog maar eens tegen me zei, wat me aan het denken zette, hij zei:

"Je bent geen slecht mens, hoe kan je nou denken dat je niet deugt, kijk gewoon naar je dieren!"

Wat een wijze woorden, als ik echt een gemeen of slecht persoon zou zijn, zou dit direct zichtbaar zijn bij de dieren waarmee ik omringd werd. Mijn problemen uit het verleden, waren destijds zichtbaar in Mia, klopt. Maar dit had niet te maken met mishandeling of gemeen zijn naar haar toe, dit was te wijten geweest aan wie ik was op het gebied van zelfvertrouwen. Ze was altijd en is nog steeds een lief en zacht paard, zoals ik ook altijd naar haar ben geweest. Ik ben net als jij ook maar een mens en op lastige dagen, als ik me bijvoorbeeld moet verdedigen tegen andersdenkenden, dan weet ik dat ik altijd kan vertrouwen op mijn dieren. Dieren zorgen ervoor dat ik me beter voel, ze geven me kracht en geven het leven waarde.
Om het even over mijn gouden jongen Kheelen te hebben, hij is een zonnestraal, zijn energie en geest verlichten iedere dag. Hij is brutaal, grappig en absoluut plezier. Hij is al mijn leuke kanten

in één pakketje. En dan is er mijn hondje, bijna iedere dag is er wel iemand die zegt hoe vrolijk ze is of ze zijn verbaasd hoe enthousiast ze is naar hen toe. Zelfs op mijn somberste dagen, probeert ze onbaatzuchtig voor me te zorgen en een manier te vinden om me aan het lachen te maken. En dan natuurlijk Mia, mijn leeuwin; zij spiegelt mijn gevoelens jegens mensen en plekken, zij is het mooiste en het lelijkste van mij en alles wat goed en inderdaad slecht is aan me en ik weet één ding zeker: zij is perfect.

HOOFDSTUK 9   Deel I

Je *zult* weer geluk hebben   Hoge verwachtingen

De weg naar dit herstel was tot enige opluchting veel minder ingewikkeld dan de vorige en de dierenarts sprak de afscheidswoorden:

"Je zult weer geluk hebben."

Dit klonk als muziek in mijn oren, al hadden we nu een periode van drie tot vier maanden rust te gaan en moest ik dit nog zien te regelen op stal. Het plan van aanpak was echter vrij simpel. Hij adviseerde om zo snel mogelijk een hoefsmid te vinden, die twee ijzers kon maken. Eén speciaal gevormd om de gebroken hoef te laten genezen en een gewoon ijzer voor de gezonde voet, om in balans te blijven en te helpen met de compensatie voor de gebroken hoef. De doorsnee vorm van een hoefijzer is een soort ring met ongeveer een vijfde deel wat ontbreekt, waardoor een gat ontstaat; deze opening zit aan de achterkant van de hoef. Meestal wordt er middenin aan de voorkant een soort verhoginkje gemaakt, de lip, om het hoefijzer bij de teen op zijn plek te houden. Niet alle ijzers hebben een lip maar de meeste wel. Het hoefijzer dat de dierenarts wilde laten maken, moest tenminste vijf lippen hebben, zodat de hele hoefwand extra bescherming zou krijgen. Te vergelijken met een brace of gips. Gelukkig zei hij het met zoveel overtuiging dat duidelijk was dat hij dit eerder had meegemaakt en dat dit voor een ervaren hoefsmid geen probleem zou zijn. Hij was behoorlijk optimistisch over de kans op herstel als ze een goed ijzer kreeg en voldoende rust, maar het was cruciaal dat het ijzer goed zou passen. Hij adviseerde me om, zodra ik een hoefsmid had gevonden, deze contact met hem op te laten nemen, zodat hij kon toelichten wat de bedoeling was. Pfiew! Meelevend en geruststellend zei de staleigenaar dat het geen probleem was om haar op een zandpaddock te zetten aan de andere kant van de stal, naast een andere paddock waar ook paarden stonden. Dit was een fantastisch aanbod en hoewel de paddock iets groter was dan de dierenarts had voorgeschreven, kon ik het niet weigeren. Met te weinig ruimte om echt te kunnen rennen en de andere paarden in de nabijheid, kon ze makkelijk ontspannen en was ze eigenlijk meteen gewend. Ik vroeg rond of mensen met spoed een goede hoefsmid konden aanbevelen en één van de meiden bood zelfs aan om voor me te bellen en het nummer van de dierenarts door te geven. Het ging allemaal heel snel. De hoefsmid kwam de volgende dag en maakte de ijzers, precies zoals de dierenarts had gevraagd. Hij adviseerde om de ijzers er na zes weken af te halen en dan te vervangen.

Voor de volgende afspraak regelde ik dat hij naar de kliniek kwam, zodat hij de ijzers er daar af kon halen, er foto's gemaakt en beoordeeld konden worden en er vervolgens nieuwe ijzers onder konden. De dierenarts was verheugd ons te kunnen melden dat de breuk inderdaad aan het helen was en dat we nog minstens twee maanden zo moesten doorgaan. De diagnose van de gebroken hoef was in juli en in oktober waren we teruggegaan naar de kliniek om weer foto's te maken. Het was bijzonder om te zien hoe zo'n grote fractuur die één kant van haar hoef had overheerst, in zo'n kort tijdsbestek, bijna verdwenen was. Het was wegens drukke schema's deze keer niet gelukt om de hoefsmid naar de kliniek te laten komen, maar we hadden later die dag op stal afgesproken. De dierenarts verwijderde daarom zelf de ijzers en terwijl hij dat deed, bewonderde hij het vakwerk. Hij vond het tijd om nu een ijzer met drie in plaats van vijf lippen te laten plaatsen, zodat haar hoef iets meer ruimte kreeg om te bewegen en te herstellen. Dit mocht gevierd worden en ik kon niet wachten om dit nieuws te delen met mijn vrienden, familie en echtgenoot.

Ik had me tot het uiterste ingespannen, na onze verhuizing naar Nederland, om Mia's ijzers eraf te halen en haar te leren leven zonder hoefbeslag. Dit was niet alleen mogelijk door de manier waarop de paarden gehuisvest waren, op zowel harde ondergrond als op zand, maar ook door goed voerbeleid, gezonde training en regelmatig bekappen door een professional. Ik kon het goed vinden met de hoefsmid. Hoewel hij gespecialiseerd was in het beslaan van paarden, stond hij er ook voor open om geen ijzers te gebruiken. Ik ben daar oprecht dankbaar voor. Vandaag de dag is er zoveel informatie beschikbaar, zowel voor als tegen het gebruik van hoefijzers, dat iedereen zich toch op zijn minst moet afvragen waarom hij kiest wat hij kiest. Mijn advies aan iedereen die iets wil aanpassen of helemaal veranderen, is, doe onderzoek. In je eigen omgeving, niet op een website die zich richt op de andere kant van de wereld. Doe je uiterste best om te achterhalen hoe dingen echt in elkaar zitten en kijk verder dan de vraag waarom. Het is niet altijd zaligmakend om je door een professional van overzee te laten vertellen dat hij de wijsheid in pacht heeft. De omstandigheden zijn immers overal anders. Daarmee bedoel ik voeding, training, klimaat, de basiszaken. Ik adviseer om zoveel mogelijk informatie te verzamelen en dit toe te passen op en waar nodig aan te passen aan de eigen omstandigheden, of het goede voorbeeld te volgen van iemand anders die al doet wat jij ook wil doen. Het is wel belangrijk om niet teveel advies van teveel mensen aan te nemen, maar dit te beperken tot een paar uitverkorenen en nogmaals, tot goede voorbeelden. Persoonlijk zou ik geen advies aannemen van mensen waarvan het paard hoefproblemen heeft. Ik zou misschien wel kijken naar de mensen die problemen opgelost hebben of die sowieso geen problemen hebben. Dat is precies wat ik deed in deze situatie; ik was er niet bepaald blij mee dat Mia hoefijzers moest, maar ik was ertoe bereid omdat iemand die ik respecteerde en die bewezen had dat hij het belang van Mia vooropstelde, voor mij een betrouwbaar voorbeeld was om te volgen en gelukkig werkte het.

Hoe brak Mia haar hoef?
Een vraag die mij uiteraard vaak gesteld wordt. De conclusie die we trokken en waarmee ik wederom geleerd heb te leven in een poging om afstand te nemen van de *wat als* en de *als nou*, is; het is mogelijk dat zo'n groot paard, dat heeft geleerd om te gaan met een gebroken been linksachter, overgecompenseerd heeft met haar gewicht en bewegingen op het rechter voorbeen.
De breuk kan klein begonnen zijn en gegroeid door de tijd. Hoe verbaasd we ook waren bij de ontdekking van deze tweede breuk, het leek toch ook wel logisch. Meestal geven mensen hun paarden niet de kans die ik Mia had gegeven of, als ze dit wel doen, hebben ze minder geluk. Ze had zo lang op zo'n goede plek kunnen genezen, we hadden niets om het mee te vergelijken. Van één ding ben ik zeker; dit paard wist dat er iets mis was. Meerdere getuigen zagen met mij hoe ze leerde omgaan met het gebroken achterbeen en hoe ze zichzelf de tijd gaf om te genezen zonder medicijnen of andere medische hulp. Gedurende het genezingsproces van zowel de eerste als de tweede breuk, kreeg ze een goede kwaliteit hooi en een vitamine supplement, met een hogere dosis dan gemiddeld aan magnesium, zink en zwavel, welke allen bijdragen aan de groei van bot en weefsel. Wat we echter niet mogen vergeten, is dat dit paard tijd kreeg. Tijd om te rusten, tijd om te genezen en tijd om te herstellen, uiteindelijk in een geschikte en positieve omgeving. Ik ben me ervan bewust dat dit niet voor iedereen is weggelegd, maar zeker met de huidige mogelijkheden van sociale media kan iedereen over zijn eigen schutting heen kijken en, net als ik deed, op zoek gaan naar een fijne plek, waar een ziek of geblesseerd paard kan genezen. Ik beweer niet dat alle breuken op deze manier kunnen helen, maar het zou ons moeten aanzetten tot nadenken over de verschillende mogelijkheden. Als het niet lukt, is het in ieder geval geprobeerd. We kunnen hier allemaal van leren en zo de moderne medische- en behandelprogramma's helpen ontwikkelen. Niet alleen voor paarden, maar ook voor andere grote dieren. Dit is de belangrijkste reden waarom ik dit verhaal wilde delen.

HOOFDSTUK 9   Deel II

Ze noemen het een wonder   Want dat was het

Wonder: Een opzienbarende gebeurtenis of ontwikkeling die positieve gevolgen heeft. Een persoon die, of een ding dat een geweldig voorbeeld ergens van is.

In 2014 was het verhaal van Mia haar gebroken botten en haar herstel bekend bij honderden zo niet duizenden mensen en beheerste het nog bijna al mijn conversaties. Hoewel het minder is geworden door de tijd die is verstreken sinds alles gebeurde, komt het vandaag de dag nog vaak ter sprake en vertel ik er trots over.

Gezien ze zo goed en snel herstelde met het ijzer met drie lippen, raadde de dierenarts me aan om hier zo lang mogelijk mee door te gaan. Liefst de rest van de winter met nieuw beslag om de zes à acht weken. Dit is wat we deden en na vier maanden mocht ik eindelijk beginnen met haar revalidatieprogramma. Tijdens de tweede maand van haar rustperiode had ik haar in een andere kleine paddock gezet om een ander revaliderend paard gezelschap te houden. Mia vertoonde geen tekenen van kreupelheid en het meest bevredigende was dat ik haar weer contact met een ander paard kon laten hebben, het was perfect.

Na een natte zomer sloeg het weer snel om en werd het per dag kouder, waardoor de paarden een week eerder dan gepland voor de winterperiode van het land naar de paddocks gingen. Dit betekende dat ik vrij plotseling moest beslissen of ik weer een andere stal voor haar zou zoeken, of dat ik haar zou herintroduceren in haar oude kudde, hetgeen uiteindelijk de bedoeling was. Ik woog alle voor-en nadelen af en zoals bij alles wat ik zou beslissen, was het een risico, maar ik koos ervoor om haar terug te laten gaan naar de kudde. Uiteraard maakte ik me grote zorgen en bezorgde het me slapeloze nachten. Het was niet de grootte van de paddock, maar de bodem en de omstandigheden, half zand en half beton, die me zorgen baarden. Paarden met ijzers kunnen op beton of stenen makkelijk uitglijden. Mia, grote krachtige alfamerrie die ze is, had er gelukkig weinig last van.

Terwijl de winter overging in het nieuwe jaar begon ik met een nieuw strak regime van training, therapeutische massages en behandelingen door een osteopaat. Het eerste werk wat we oppakten was een week lang tien minuten per dag stappen aan de hand op harde ondergrond, daarna een week lang twee keer per dag, gevolgd door tien minuten stappen op harde grond en tien minuten stappen op zachte grond, gevolgd door vijf minuten draven per dag, daarna twee keer per dag enzovoort. De eerste keer dat ik weer op haar zat en ging rijden, was zo geweldig. Het gevoel wat ik had, is met geen pen te beschrijven. Het is op film vastgelegd door één van mijn studenten en het is een dag die ik nooit zal vergeten. Rijden deed haar goed, want ze had inmiddels geleerd hoe ze haar genezen been kon belasten en ik kon haar helpen om haar lichaam beter te gebruiken. Sommige dingen kon ik vanaf de grond minder goed zien of voelen dan vanaf haar rug. Bij het vervangen van wat werk op de grond door rijden, werd ook dit opgebouwd van tien minuten stap, naar tien minuten stap en vijf minuten draf, tot het punt waar alles weer bijna normaal was. Toen ze er klaar voor was, maakten we ook weer buitenritjes in de duinen en ik introduceerde cavaletti, balken op de grond, die zo worden neergelegd dat het paard eroverheen moet stappen en door het hoger optillen van zijn benen, zijn hele lijf gymnastiseert en soepel maakt. Hoewel ik zeker geen slechte ruiter ben, ben ik geen natuurtalent en moet ik er gewoon hard voor werken. Met Mia in slechte conditie, met spieratrofie op meerdere plaatsen en een slechte lichaamshouding, was het van groot belang om me weer te verdiepen in de kunst van de dressuur en dit te gebruiken om haar er weer bovenop te helpen. Ze was, en als je het toestaat is ze dat nog, zwaar op de voorhand. Dit houdt in dat ze meer gewicht op de voorbenen plaatst dan op de achterbenen, ze stuwt meer dan dat ze draagt. Door haar te rijden kon ik haar hiermee helpen en niet alleen opnieuw leren hoe ze haar lichaam moest gebruiken, maar ook hoe ze haar schouders moest liften, gewicht moest dragen op haar achterhand en ik mag wel zeggen, beter dan ooit. Natuurlijk had ik hierbij overleg met de dierenarts over wat we wel en niet konden doen, waarschijnlijk de rest van haar leven, maar de bandbreedte was prima. Springen is een te groot risico, wat jammer is omdat ze altijd groot enthousiasme aan de dag legde bij het springen over hindernissen of tonnen, hoe hoger hoe beter was haar devies. Buitenritten van meer dan drie uur waren niet meer toegestaan en ook rengalop onder het zadel mocht niet meer.

Niet slecht, nog steeds hier en een redelijk normaal leven leidend, kan men hier niet over klagen. Ik besloot dat het paard mij maar moest laten zien wat ze wel of niet kon en de dingen te nemen zoals ze kwamen terwijl we samen aan het werk waren. Ik was zo ongelofelijk blij en trots om deze beslissingen te kunnen nemen. Er was een tijd geweest dat ik dacht dat we nooit meer zo bezig konden zijn en dat ze als ze het zou overleven, direct met pensioen zou gaan. Weer samen te zijn als partners en dan ook nog te kunnen rijden was gewoon fenomenaal en reden voor meerdere feestjes. Ze noemen het een wonder, want dat was het. Het was een wonder dat het bot weer vastgroeide, want er werd bij iedere stap die ze zette, opwaartse kracht op uitgeoefend. Het is een wonder dat ze herstelde en het is een wonder dat ze wilde herstellen. Ik denk graag dat wonderen bestaan, niet omdat we erop wachten, maar omdat we ze laten gebeuren. Mia zorgde ervoor dat het gebeurde.

HOOFDSTUK 9   Deel III

Het gevreesde telefoontje   Wederom de roep van het universum

Vlak voordat het echt lente werd en rond de tijd dat er een nieuwe afspraak stond met de hoefsmid om haar ijzers te vervangen, vroeg ik me af of ik de levensreddende vaardigheden van de smid vaarwel zou zeggen en kon terugkeren naar mijn bekapper. Het voelde alsof het tijd was. Bij mijn laatste overleg met de dierenarts had hij geadviseerd om het aantal lippen aan het ijzer tot één te reduceren, zodat ze nu aan beide voeten een normaal ijzer droeg. De paddocks liggen midden op het terrein en om bij de zadelkamer te komen waar mijn kast met spullen is, loop ik er altijd langs. Terwijl je langsloopt, kan je de kudde bestuderen en afhankelijk van mijn rooster, doe ik dat tien tot twintig keer per dag. Vanwege mijn interesse, beroep en liefde voor paarden, ben ik vaak te vinden in of bij de paddock, waar ik, al dan niet mijn lunch etend, hun gedrag observeer. Soms ga ik bij mijn paarden staan, gewoon om ze te zien eten of samen niets te doen. Die winter waren me meerdere dingen bij Mia opgevallen die ik nooit eerder had gezien en na verloop van maanden werd duidelijk dat dit niet zou veranderen. In het verleden maakte het bij het betreden van de paddock of de wei niet uit hoeveel paarden er bij het hek stonden, zodra haar energie voelbaar was, gingen ze allemaal opzij. Ik maakte vaak grapjes als:

"Ze gaan uiteen als de Rode Zee voor Mozes als Mia eraan komt."

Deze geweldige aanwezigheid maakt onderdeel uit van wie ze is en ik denk dat het ook een grote rol gespeeld heeft in waarom ze hier nog is. Ik wil niet beweren dat ze onderaan de pikorde beland was, maar ze zat ook zeker niet meer aan de top. In de vijftien jaar dat ik haar kende had ik haar nog nooit zo vaak zien weglopen voor andere paarden als toen. Twee gedachten bekropen me. De eerste was dat ze zich misschien zwakker voelde en dus ook zo behandeld werd, door de geheelde breuken. De tweede was dat de hoefijzers haar misschien minder zeker op haar voeten lieten staan. Ik hoopte op het laatste. In het wild had ze met een gebroken been op het menu van roofdieren gestaan en was ze waarschijnlijk dood geweest.

Door hoe de natuur werkt en haar instinct wist ze dat en ik weet zeker dat de andere paarden dat ook wisten. Ik hoopte echt dat het verwijderen van haar ijzers de oplossing zou zijn. Ik woog alle voor- en nadelen tegen elkaar af en besloot om het risico te nemen, de afspraak met de hoefsmid af te zeggen en weer zonder ijzers verder te gaan. Er was een vangnet, als bleek dat haar hoeven te gevoelig waren of ik vertrouwde het niet, kon ik van gedachten veranderen en haar weer laten beslaan. De dierenarts had me geen specifieke termijn gegeven, hij had alleen geadviseerd om de ijzers er zolang mogelijk onder te houden. Dit was voor mij zolang mogelijk en ik kon niet wachten om ze eraf te laten halen. Mijn vaste bekapper kwam en verwijderde de ijzers. Mia was buitengewoon rustig, het leek alsof ze wist dat ze geen nieuwe ijzers kreeg en toen ik haar terugbracht naar de paddock deed ze iets waarvan ik me direct bewust was, dat ze dat heel lang niet had gedaan: ze draafde naast me omdat ze graag naar voren wilde: *Is dit de goede keuze? Ja, het is de goede keuze. Hoe kan het anders zijn?*

Bij het binnengaan van de paddock volgden we onze routine waarbij zij haar hoofd omlaag deed en wachtte tot ik het halster afhaalde. Ze deed dit net zo geduldig als altijd, een afspraak waar we ons allebei aan houden en zodra ik haar wegstuurde, draaide ze op haar achterbenen om en galoppeerde door de paddock, ze was vrij.

Het was een onvergetelijk moment. De ijzers waren haar tot last

geweest en ze voelde zich beperkt door het dragen ervan. Ik ben blij dat ik naar mijn intuïtie luisterde, dat het misschien voor haar door haar zwakkere achterknie voelde alsof ze zich met ijzers minder goed kon verdedigen dan zonder. Wat ze nu liet zien bevestigde in ieder geval dat ze zich nu beter voelde. Er verstreken een paar dagen en ze kreeg geen last van zere of gevoelige voeten. Voor eeuwig dankbaar en een beetje verdrietig omdat ik hem nooit meer zou zien, maakte ik geen nieuwe afspraak met onze hoefijzers makende held.
Dat voorjaar moest ik nog een beslissing nemen. Liet ik haar weer met de andere paarden op de wei voor de zomermaanden of zou ik haar op de paddock laten staan, waar het voor haar veiliger was. In eerste instantie koos ik voor de paddock. De dag van de weidegang, gaf ik ergens anders een clinic, maar haar nieuwe verzorgster zorgde ervoor dat ze bezig werd gehouden terwijl de paarden de wei op renden en zette haar pas weer terug in de paddock toen de rust was weergekeerd. Dankbaar voor deze oplossing, maar toch wat terneergeslagen door mijn beslissing, kon ik het beeld van haar in de wei, met het verse gras en haar kuddegenoten, niet uit mijn hoofd krijgen. De afgelopen tweeënhalf jaar hadden hun tol geëist en ik gaf toe aan mijn zwakte. Toen ik op stal kwam en met mijn hond richting de duinen liep, zag ik de paarden genieten in de open en groene velden.
Vooruit met de geit, na alles wat ze heeft doorgemaakt, waarom niet.
Ik haalde haar uit de paddock, zette haar in de wei en liet haar eerst wat gras eten voordat ik haar losliet. Mia was Mia en liet haar oude gewoonte zien door ongeveer twee meter weg te stappen en daarna in volle galop te vertrekken. Ik kon niet anders dan glimlachen, het was een prachtig gezicht, ze was vrij op de beste manier waarop paarden vrij kunnen zijn en ze was ongelofelijk blij.

Ere wie ere toekomt, Mia deed het goed. Ze herstelde haar leiderschap in de kudde en deed het gedurende een paar weken heel goed op het gras. Iets té goed eigenlijk, tot het punt dat ze snel echt te dik werd. De mogelijkheid om haar in een dieetwei te zetten, bestond niet meer en als die er wel was, had ik dit vast niet meer aangedurfd. Voor haar gezondheid moest ik weer een besluit nemen. Het was logisch, ik kon haar dieet beter in de gaten houden en als we zo doorgingen werd ze veel te zwaar voor haar kwetsbare benen, dus ze moest terug naar de paddock. Ik had haar nog nooit zo lang nijdig gezien. Een hele week at ze maar weinig en stond ze bij het hek het dichtst bij de weilanden die ze niet kon zien, maar waar ze wel de antwoorden op haar roepen hoorde. Ze wachtte letterlijk tot iemand haar kwam halen, wie dan ook, om haar terug te brengen. Er was niet echt iets aan hand als ik haar uit de paddock haalde, bij het terugzetten echter was haar suggestie om door te lopen langs het hek naar de wei, zacht maar niet aflatend. Ik had medelijden met haar maar moest doen wat het beste was voor haar gezondheid. Toch kon je zeggen dat ze tot op zekere hoogte tijdelijk depressief was.

Er stonden ongeveer twaalf tot vijftien paarden op de paddock en de hiërarchie in de kudde was nog niet bevestigd. Waarschijnlijk hadden de paarden in de gaten dat in dit geval het gras aan de andere kant inderdaad groener was. Met name twee merries veroorzaakten onrust bij hun pogingen om de baas te worden. Naar mijn mening deden ze te hard en te lang hun best. Een wild paard doet misschien dagenlang zijn best om een positie te veroveren en deze te behouden maar bij gedomesticeerde paarden had ik nog nooit zo lang achtereen zulk agressief gedrag gezien. Toen Mia zich er uiteindelijk bij had neergelegd dat ze niet terugging naar de wei, maar op de paddock bleef, kreeg ze weer oog voor de kudde en maakte ze weer contact. Ze was duidelijk onder de radar gebleven die week en nu weer vol in beeld vocht ze het snel uit met één van de merries. Even bijten, een paar plukken haar en klaar. Maar de andere merrie liet zich niet zo makkelijk overtuigen en gedurende een paar weken zag ik ze steeds strijden. Als ik langsliep of als ik les stond te geven, hoorde ik strubbelingen op de paddock en dan waren het meestal Mia en haar opponent, ze gingen maar door.

Het was tijdens een weekend waarin ik genoot van de luxe van een zeldzame vrije dag samen met mijn echtgenoot, toen ik *het*

gevreesde telefoontje kreeg.
Een aardige vrouw die ik ook lesgeef, was op stal getuige van een langdurig en fel gevecht tussen de twee merries. Mia had kennelijk in een poging om terug te trappen, grip verloren en haar benen waren onder haar vandaan gegleden. De andere merrie had haar nog een flinke trap tegen de ribben gegeven en was weggelopen, waarschijnlijk om hooi te gaan eten. Ik ben niet boos op het paard waar ze mee vocht, dat zou nergens op slaan, dit is hun taal, dit is hoe paarden communiceren en Mia was deze dag de zwakkere partij. Ze vertelde me aan de telefoon dat Mia zwaar kreupel was, dat ze amper kon lopen en dat ik zo snel mogelijk naar stal moest komen. Ik was al onderweg; gelukkig bracht mijn echtgenoot me naar stal en kon ik onderweg de dierenarts bellen voor een spoedvisite. Toen we op de oprijlaan reden, voelde ik een golf van misselijkheid opkomen, omdat ik dacht dat ik haar nu echt zou verliezen. Het was een schok om haar te zien toen ik aankwam. Haar buik was helemaal ingetrokken, net als op de dag toen ik haar in het weiland had gevonden. Haar bil en rechter achterbeen waren helemaal bedekt onder sporen van trappen en het duidelijke patroon van het beton waar ze op gevallen was. Ik probeerde kalm te blijven en het was duidelijk dat ze niet kon lopen maar tot mijn ontsteltenis was het deze keer niet linksachter waar ze pijn had, maar rechtsachter. Ik kon het niet geloven, het zou toch niet kunnen, het zou toch niet waar zijn dat ze nu ook rechtsachter haar knie had gebroken?

De dierenarts arriveerde een paar minuten na ons. Ik was opgelucht en blij dat ze er was. Klein van postuur, kwam ze met een warme glimlach naar ons toe. Ze kende Mia's hele verhaal van eerdere bezoeken, begon met het stellen van vragen en onderzocht haar. Ik kan alleen maar bewondering hebben voor de situatie. Niemand wilde zich erin bevinden, maar Mia wist ons toch weer te verbazen. Niet alleen accepteerde ze haar vriendelijke begroeting en aanraking, ze hielp de dierenarts ook bij haar onderzoek door haar pijnlijke been op te tillen. Om de beide knieën te kunnen vergelijken en te checken of er sprake was van een zwelling of andere afwijkingen, moest ze pal achter

Mia gaan staan, met haar borst tegen haar staart gedrukt en haar armen naar voren gestrekt. Ikzelf en het kleine publiek dat zich inmiddels verzameld had, deelden een onuitgesproken bewondering, niet alleen voor Mia maar ook voor de dienstdoende dierenarts. Ik was gewoon verbluft. Ze bevestigde ter plekke dat ze niet dacht dat er iets gebroken was, maar er was wel sprake van zwelling bij de rechterknie en ze had ook nare kneuzingen op haar achterhand en op haar been. Ze adviseerde me om bloedonderzoek te doen als ik meer zekerheid wilde. Ze zouden dit met spoed laten uitvoeren en dan zouden we binnen twee dagen weten of er enzymen gevonden waren die duidden op schade aan bot en de eventuele mate van spierschade. Ik was onder de indruk, had hier namelijk nog nooit van gehoord en zei uiteraard ja. We spraken af dat ik haar verder vijf dagen pijnstilling en ontstekingsremmers zou geven om haar te helpen bij haar herstel. Als de dierenarts ook maar een moment gedacht had dat er sprake was van een breuk, dan zou ze nooit pijnstilling hebben voorgeschreven, omdat ook deze keer gold dat het voor een paard dan beter is om te weten dat het foute boel is. Dit gaf me veel vertrouwen en bovendien zag ik een fonkeling in Mia's ogen, alsof ze me vertelde:

"Gewoon een kleine tegenvaller, alles komt goed!"

Buiten het zicht van Mia prepareerde de dierenarts de naald en onbevangen kwam ze naar Mia, pakte het deel van de nek waar de slagader zich bevindt om deze zichtbaar te maken en nam bloed af. Mia bleef gewoon staan, zonder te reageren op de grote naald die haar ader doorboorde en kostbaar bloed opzoog. De dierenarts was eveneens onder de indruk. Niet alleen accepteerde Mia de behandeling, maar toen het klaar was, bleef ze snuffelen en liet haar hoofd rusten in haar armen. Bij het zien van mijn stralende gezicht, wist ze dat dit een speciaal moment was.

Het laatste advies van de dierenarts was om haar 24 uur op rust te zetten, apart van de kudde, totdat haar been beter voelde en ze weer wat mobieler was. Bij de paddock is een inloopstal waarin twee lege boxen zijn voor noodgevallen of zieken. Met de hulp van een vriendin die nu ook één dag per week voor Mia zorgde, maakten we een lekker strobed en legden we een berg hooi in een hoek zodat ze wat te knabbelen had. Met het naar de stal lopen werd duidelijk dat ze al zeker 75% beter liep dan tien minuten daarvoor en dit was het moment waarop Mia haar veto uitsprak. Mijn opleiding had me geleerd om niet toe te geven aan haar roepen en tegen de deur trappen, dus ik deed mijn best om weg te lopen en te kijken of het minder zou worden als ik uit beeld was. Dit was niet het geval, het werd alleen maar erger, waarbij ze begon te steigeren en haar benen over de onderdeur gooide. Dit ging niet goed en ik wist eigenlijk niet meer wat ik kon doen. Mijn vriendin vroeg of het mogelijk was om een ander paard naast haar te zetten, omdat ze een soort van alleen was. De andere paarden bleven buiten op de paddock en kwamen niet in de inloopstal staan. Ik moest even nadenken over de volgende stap, maar wilde niets overhaast beslissen. Hoewel ze gelijk had dat we dit konden proberen, vertelde iets me dat het bij dit paard met hoe zij reageerde en haar sterke eigen wil, niet zou werken.

De pijnstillers waren duidelijk aangeslagen en met de adrenaline in haar systeem vertoonde ze geen enkel teken dat ze op zou geven. Haastig belde ik de dierenarts die inmiddels weg was gegaan, om te vragen of ze het een belachelijk idee vond om haar terug te zetten in de kudde op de paddock waar ze rustiger en daarmee veiliger zou zijn. Ze was het met me eens dat het in dit geval met dit paard de betere keuze was, dus zette ik haar terug. Ik verwacht niet dat iedereen mijn beslissingen begrijpt, ik deed gewoon wat goed voelde en gelukkig pakte het goed uit. Ze liep langs het paard dat haar nog niet zo lang geleden tegen de grond geslagen had en ging direct naar de ruif met hooi waar ze waarschijnlijk een paar uur eerder ook had gestaan. Het was allemaal behoorlijk vermoeiend, maar met het verstrijken van de dagen verdween tot onze vreugde de zwelling en kon ik de medicatie tot een minimum beperken. Het interessantste van het hele verhaal is dat het logisch leek dat Mia het gevecht had verloren, zij was immers gevallen en had de laatste trap geïncasseerd, maar de uitkomst bleek heel anders. Tot op de dag van vandaag heb ik geen van beide merries ooit nog maar zoiets als boos naar elkaar zien kijken, als je er al iets over zou kunnen zeggen, is het dat het lijkt alsof de één voor de ander niet bestaat.

Tegenwoordig is ze niet meer de hoogste in rang, met nieuwe kroonprinsessen die strijden om deze plek, maar ik zou ook niet willen zeggen dat ze lager dan hen in rang is. Je zou kunnen zeggen dat ze een soort Koningin-moeder is of oudtante en je kan ervan op aan, dat wanneer de merries te ver gaan, of de ruinen irritant doen, ze haar indrukwekkende aanwezigheid zal gebruiken om zich ermee te bemoeien en ze te laten ophouden. Eén constante in deze prachtige merrie is, vanaf dat ze een wild veulen was tussen haar broers en zussen, toen ze leerde een gedomesticeerd paard te zijn in een merrie kudde in Engeland en in de tijd in Nederland in een gemengde kudde, dat ze altijd terugkeert naar waar ze mee bezig was, gewoonlijk het eten van haar hooi en doorgaan met leven alsof er niets gebeurd is.

HOOFDSTUK 10   Deel I

Synergie   Samen zijn we sterk, we zijn samen één

Het leven lachte ons weer toe. Het was heerlijk om tijd samen door te brengen, een cadeau dat met geld niet te koop is, maar niet geheel zonder angst. Natuurlijk hield de vraag *wat zou er gebeuren als ze opnieuw haar been breekt?* me bezig.

Een goede oplossing om deze gedachten naar de achtergrond te verdrijven, was gewoon doorgaan met waar we mee bezig waren. Haar lichaam en geest sterk houden en vooral doen wat goed voelde. Met de steun van de dierenarts en haar liefdevolle verzorgers had ik er alle vertrouwen in dat we dit konden, hetgeen resulteerde in memorabele momenten. Midzomer ging Mia met me mee als lesgeef paard bij een driedaagse clinic en in de herfst deed één van haar verzorgsters met haar mee aan een clinic van een week. Ze had nu twee verzorgsters: een vriendin en tevens student van me en het meisje dat haar voor haar ongeluk ook al verzorgde. Minimaal twee keer per week vertrouwde ik haar toe aan deze twee mensen. Voor mij geen makkelijke beslissing als je bedenkt wat we allemaal hadden meegemaakt. De reden om hiervoor open te staan, had niets te maken met gebrek aan geld of tijd. Het was omdat het voor dit paard goed was om tijd met andere mensen door te brengen in plaats van alleen met mij. Dit drong vooral tot me door toen ze ver weg in het zuiden stond om te revalideren. Ik kreeg foto's toegestuurd waarop ze werd omringd door jonge kinderen die haar staart borstelden en die bij haar voeten zaten, het was gewoon logisch.

Kinderen en hun ponyvriendjes kunnen dit extra illustreren. De vraag waarom de meeste pony's en paarden van kinderen dapper en zonder angst lijken te zijn, vergeleken met sommige pony's en paarden van volwassenen, herbergt een paar interessante feiten. Ik denk dat hiervoor meerdere redenen zijn, maar de belangrijkste reden is de kinderen zelf. Over het algemeen lopen kinderen niet rond met een plan en willen ze niets anders van hun ponyvriend dan er onvoorwaardelijk van houden. Misschien trekken ze een keer te hard aan hun manen, springen ze in de rondte en klauteren ze over ze heen, maar dat geeft niet, want de pony kan het onderscheid maken en weet dat het kind geen kwaad in de zin heeft. De houding van kinderen bepaalt hier de regels. Bij tieners of jongvolwassenen hangt het af van hun manier van doen en hoe snel hun ego ontwikkelt, hoe de pony of het paard zich gedraagt. Het gebeurt vaker wel dan niet dat in de late tienerjaren of jonge volwassen jaren, de huidige of misschien wel nieuwe paardenvriend, ander gedrag gaat vertonen, zoals verzet, gebrek aan zelfvertrouwen of reageren op de omgeving. Dit is slechts een klein voorbeeld, maar als het herkend wordt, kan het mensen helpen na te gaan denken over waarom paarden de dingen doen die ze doen. Misschien stoppen ze dan om paarden overal de schuld van te geven en vragen ze zich af of ze dappere soldaten creëren of bange soldaten, simpelweg door het gedrag waar ze door omgeven worden. Als ik lesgeef, hoor ik vaak hetzelfde verhaal; het verhaal van mensen die, toen ze als kind paardreden, zoveel plezier hadden en de goede herinneringen hieraan. De omgang met de pony's en paarden leek makkelijker en achteraf gezien hadden ze al best veel ervaring. Uiteindelijk was er een verandering en verdween de hobby of het paard naar de achtergrond, door verhuizing, trouwen, kinderen krijgen of vul maar iets in en weer later komen de paarden toch terug in hun leven.

Meestal pakt dit heel anders uit dan gehoopt, omdat de herinneringen die ze hebben aan het rijden van vroeger totaal niet overeenkomen met de nieuwe ervaring. De paarden waar ze destijds mee omgingen waren waarschijnlijk kind proof, daarmee mens proof en tot op zekere hoogte veilig, maar in hun huidige situatie moeten ze zien om te gaan met het tegenovergestelde. Het moeilijkste is dan dat ze plotseling niet meer weten wat ze moeten doen waardoor ze in problemen raken, hetgeen heel snel kan omslaan in angst, wat dan weer van invloed is op het paard. Ik weet dat het zo gaat; ik zie het vaak genoeg en ik heb het zelf meegemaakt. De succesvolle oplossing hiervoor is het delen van informatie en deze mensen te helpen op een goede, veilige en bewuste of kundige weg te komen. Als professional in de paardenwereld zie ik het als mijn taak om mijn best te doen mijn werk op het niveau te krijgen waar paardeneigenaren de verantwoordelijkheid nemen om meer over paarden te weten, welke manier van trainen ze ook gebruiken. Het kan ze alleen maar succesvoller laten zijn, ik heb er nog nooit iemand slechter van zien worden.

De wereld om ons heen wordt steeds drukker, lege ruimte wordt minder en ik geloof dat iedere paardeneigenaar verplicht is om zijn paard hiervoor op te leiden, te trainen en te helpen om te gaan met de gevaren die horen bij de wereld waar ze in leven, inclusief verkeer, tractors, koeien, honden, mensen en mensen met een andere manier van doen. Het is van groot belang, het is cruciaal om te begrijpen dat het niet uitmaakt welke problemen mensen denken te hebben of hoe hulpeloos ze zich voelen, met een goede en positieve houding is het mogelijk om dingen aan te pakken of op te lossen. De andere boodschap die ik wil delen, is dat ze niet in angst hoeven te leven, ze hoeven niet aan iemand anders te vragen of die hun paard uit de wei willen halen omdat ze bang zijn maar zich tegelijkertijd verplicht voelen om iedere dag op ditzelfde paard te rijden, slechts aan één kant van de bak omdat het paard aan de andere kant niet kan ontspannen en iemand anders ze dit had opgedragen. Ze creëren overal bange soldaten omdat hun manier van doen en hun ego ze weerhouden van verandering. Helaas zijn dit soort situaties de grootste oorzaak van ongelukken en soms geven deze zelfde mensen de hele wereld de schuld van hun problemen, maar zijn ze niet bereid om veranderingen door te voeren. We kunnen niet verwachten dat we iedereen kunnen bereiken en kunnen vertellen dat dingen ook anders kunnen. Bij sommige delen van de wereld betwijfel ik of deze informatie ooit aankomt, niet tijdens mijn leven in ieder geval. Het punt is dat ik jullie of wie dan ook niet voorschrijf hoe of wat je paard te leren, maar ik adviseer je een manier te vinden die werkt en die bevredigend is voor beide partijen. We mogen niet vergeten dat paarden alleen weten wat wij ze leren en al het andere dat ze weten, is simpelweg hoe te overleven.

Begin oktober 2015 was Mia's conditie optimaal. Ze zag er beter uit dan in jaren het geval was geweest, met een glanzende zwarte vacht en super goede bespiering, maar toch was er iets wat me niet zinde, waar ik de vinger niet op kon leggen. Ze was vaker wel dan niet sloom. Veel slomer dan ze ooit was geweest en soms kon je bijna zeggen dat ze lui en lethargisch was. In eerste instantie dacht ik dat het te maken had met het feit dat ze nu meer mensen in haar leven had en dat ze misschien van dappere soldaat gegroeid was naar super commando. Haar werk regime was frequent maar niet heel veeleisend, eigenlijk wat het vandaag nog steeds is. We hebben korte, midden en lange termijn doelen waarmee ik bedoel dat ik haar en mezelf nog steeds nieuwe dingen leer. Ik herinner haar eraan hoe ze haar lichaam beter kan gebruiken; als tegenprestatie houd ik mijn eigen lichaam ook in conditie en zolang we samen op aarde zijn, zal ik haar blijven helpen om de beste versie van zichzelf te zijn en ik mijn beste ik. Dat is het, in een notendop. We gaan nog nergens heen en we hoeven niemand meer iets te bewijzen. Los van mijn opleiding heb ik mijn uiterste best gedaan om zoveel mogelijk te leren over paardenvoeding, gezondheid van paarden en verschillende andere onderwerpen om mijn kennis te vergroten en zo mijn paarden en studenten nog beter te kunnen helpen. Ik investeerde ook tijd om te overleggen met een specialist op het gebied van paardenvoeding en hielp haar via deze weg met haar energie levels. Er veranderde weinig tot niets. Voor alle duidelijkheid, ze was gewoon sloom, niet ziek, niet depressief, ze had geen pijn, niets bijzonders, gewoon sloom. Ze at hooi, maar had niet zo'n trek in haar voer met vitaminen en supplementen en soms wilde ze niet eens een sappige wortel, hetgeen niets voor haar was.

Die maand had ik een afspraak staan bij de kliniek om röntgenfoto's te laten maken om de oude breuken te controleren en meteen, de jaarlijkse inenting te geven. Ik had een deal gesloten met Mia en het universum dat we dit de rest van haar leven zo zouden doen om in de gaten te houden of alles nog goed ging, of eerder als ik ergens aan twijfelde. Na een gezellig gesprek met de hoofd dierenarts en het uitspreken van mijn bewondering voor zijn collega die haar eerder dat jaar had behandeld toen ze was gevallen op de paddock, vertelde ik hem over Mia's conditie en vroeg ik of we bloed konden testen om de waarden te controleren en te kijken of er iets mis was. Uiteraard ging hij akkoord en na nog wat extra informatie ingewonnen te hebben over haar symptomen, adviseerde hij om ook apart te testen op een aandoening die vaker voorkomt bij paarden, te weten de ziekte van Cushing, of PPID wat staat voor Pituitary Pars Intermedia Dysfunction. We volgden ons ritueel van mijn vraag aan Mia om in de onderzoek-stand te stappen, met daarna het toedienen van de verdoving om de röntgenfoto's te kunnen maken enzovoort. Toen dat klaar was, werd er bloed afgenomen en tenslotte kreeg ze haar enting. In de wachtruimte zag ik een folder over PPID, die ik pakte en meenam. De resultaten van haar bloedtesten kreeg ik twee dagen later en daaruit bleek dat ze een extreem hoge waarde had op deze ziekte. Hoewel ik uitermate teleurgesteld was door deze uitkomst, was ik ook opgelucht om te weten wat het was. De symptomen kunnen bij ieder paard met de ziekte van Cushing verschillen, waarbij de meest voorkomende een lange krullende vacht is, met moeilijk tot niet verharen in de lente. Hier had ze geen last van. Wat ze wel had, was wat we in de paardenwereld een hooibuik noemen. Je zou dit kunnen vergelijken met een bierbuik maar dan één die er met geen mogelijkheid af te trainen valt.

Boven het oog van een paard zit een soort kuiltje, dat door de jaren heen over het algemeen steeds dieper en duidelijker te zien wordt. Mia heeft een soort vetopslag in deze kuiltjes, waardoor ze wat voller zijn ten opzichte van de meeste andere vijftienjarige paarden. Andere symptomen die ze liet zien, waren uiteraard de lethargie, sloomheid, weinig eetlust en opeens veel dorst. Dit werd allemaal duidelijker en logischer toen ik de ziekte uitgebreid bestudeerde en haar persoonlijke symptomen beter herkende. De ziekte zelf is een tumor in de hypofyse, in de hersenen, die zorgt voor een verhoogde productie van het stress hormoon, cortisol, hetgeen het evenwicht in de stofwisseling verstoort. Dus daar konden we het mee doen, nu moest ik beslissen wat we konden doen om haar te behandelen en te helpen om met deze vervelende aandoening te leven. Ongeveer een week lang vroeg ik allerlei mensen naar hun advies en aanbevelingen en na heel veel goede feedback besloot ik medicatie te proberen.

Als het niet zou werken of niet zou bevallen, zou ik er altijd gewoon weer mee kunnen stoppen. De tabletten waren nogal groot en daarmee lastig om te voeren aan een paard wat toch al moeilijk at, dus bedacht ik een systeem waarbij ik iedere dag een tablet oploste in water en met een plastic injectiespuit direct in haar mond spoot. Dit ging zonder problemen en aangezien we het over Mia hebben, mag ook wel vermeld worden dat ze er ook totaal geen probleem mee had dat andere mensen haar medicatie gaven. De plastic spuit moet er voor haar immers hetzelfde hebben uit gezien als een spuit met injectienaald waar ze zoveel bezwaar tegen had.

De eerste weken zagen we een positieve verandering en de bekende glinstering in haar ogen was weer terug. Ze was niet meer zo lethargisch en ze stond minder bij de drinkbak. Ik besprak de situatie met haar verzorgsters en zij vonden ook dat ze er beter uitzag en zich beter leek te voelen. Na een paar maanden zag ik tot mijn teleurstelling dat het slijmvlies in haar ogen abnormaal rood was, haar tandvlees was roder dan normaal en ze had hier en daar een kleine huidinfectie die afwisselend heel snel weer verdween of heel lastig weg te krijgen was. De ziekte brengt ook hun immuunsysteem in gevaar dus dingen als wonden of infecties moeten serieus behandeld worden, omdat hun lichaam dat zelf niet meer zo goed kan. Ik heb op een dag de dierenarts gebeld omdat ze opeens onder de bulten zat, die eruit zagen als insectenbeten en ze blaren in haar mond en op haar tong had. Dit was geen spoedgeval en de dierenarts kon pas 's avonds langskomen, toen de bulten en blaren al bijna verdwenen bleken te zijn. Gelukkig had ik met mijn telefoon foto's gemaakt, zodat we het konden vergelijken. De dierenarts stelde me gerust dat het niets ernstigs was, waarschijnlijk een allergische of gevoelige reactie ergens op en dat het helaas waarschijnlijk de rest van haar leven nog wel vaker zou gebeuren.

Op een dag toen ik haar medicatie klaarmaakte, schoot me te binnen dat de dierenarts had gezegd dat het mogelijk was om de dosis aan te passen. Ik besloot om te halveren en te kijken wat het effect zou zijn. Tot een ieders vreugde verminderde het rood in haar ogen en de huiduitslag hebben we nooit meer gezien. Tegen de tijd dat de medicatie bijna op was en het tijd was om nieuwe tabletten te bestellen, besloot ik om tijdelijk te stoppen zodat ik met eigen ogen kon zien wat het resultaat daarvan zou zijn. Het rood uit haar ogen verdween helemaal en de glinstering in haar ogen kwam weer terug. Ten tijde van het schrijven van dit boek heeft ze geen enkele vorm van medicatie meer gekregen. Ik zeg niet dat dit besluit nooit meer teruggedraaid wordt, maar voor nu is het goed zo en ik kan alleen maar hopen dat dit zo blijft. Ik doe mijn best ervoor te zorgen dat ze de juiste hoeveelheid goede vitaminen en mineralen binnenkrijgt, die een paard met haar aandoening nodig heeft en ik heb haar suikerinname zoveel mogelijk beperkt. Paarden met de ziekte van Cushing kunnen extra gevoelig zijn voor insuline resistentie; hetgeen betekende dat ik moest beslissen om haar nooit meer in het weideseizoen op het gras te zetten. Als het mogelijk was om haar slechts een paar uur per dag te laten grazen, zou ik dat onmiddellijk doen, maar vierentwintig uur per dag kan waarschijnlijk nooit meer, het risico is te groot. Daarom leeft ze nu dag en nacht met haar vrienden heel gelukkig op haar bijna perfecte paddock paradijs.

Een laatste verhaal dat ik wil delen speelde zich af in 2016, een paar maanden na de diagnose van haar hersenziekte. Er stond een bloedtest op het programma om te checken hoe ze eraan toe was.

Nu ze van de medicatie af was en het zo goed met haar ging, twijfelde ik op voorhand over het nut van de afspraak: *Waarom doe ik deze bloedtest, heeft het zin?*

Natuurlijk had het zin, het was goed om te weten wat de status van de ziekte was, maar mijn onrust kwam ergens anders vandaan en Mia voelde dat. Ik merkte dat ik nerveus werd bij het idee dat er bloed afgenomen zou worden, zonder het comfort van de onderzoek-stand. Behalve dat ze nog wat lethargisch was, voelde ze ontzettend goed en gezond aan en ik had geen idee hoe ze zou gaan reageren. Toen ze bij het laatste ongeluk de naald accepteerde, kwam het niet in me op dat ze het niet zou doen en ik denk dat dit er echt toe heeft bijgedragen, in combinatie met haar tijdelijke zwakheid en de pijn die ze toen had. *Altijd blijven leren nietwaar?*

Uiteraard zorgde mijn gemoedstoestand ervoor dat Mia de dierenarts meteen bij aankomst wantrouwde. De dierenarts die kwam, was iemand die wij nog niet kenden, maar ze wist al wel wat over Mia uit de verhalen van haar collega's. Geheel onschuldig deed ze de aanname dat het paard zich op dezelfde manier zou gedragen bij haar. Achteraf kon ik mezelf voor mijn hoofd slaan, het was een andere situatie en ik had eerder op de rem moeten trappen. Zodra de dierenarts eraan kwam met de naald, klaar om haar bloed af te nemen, voelde Mia mijn spanning. Ik zag het duidelijk in haar ogen en in een fractie van een seconde schoot ze in de verdedigingsmodus, een zeer duidelijke mag ik wel zeggen. Daar op dat moment zei ik stellig en zo kalm als ik kon:

"Ik wil hier niet mee doorgaan!"

De dierenarts erkende dat het nu inderdaad niet mogelijk was, niet zonder dat er gewonden zouden vallen in ieder geval en sprak haar teleurstelling uit.
Weer vroeg ik achteraf aan mezelf:

Waar zei ik nou eigenlijk nee tegen?
Zei ik nee wegens de spanning voorafgaand aan de afspraak?
Zei ik nee omdat ik wist dat mijn gevoelens van invloed waren op het gedrag van Mia?
Zei ik nee omdat ik het paard niet verder lastig wilde vallen aangezien ik op dit moment toch niet verder medisch wilde behandelen?
Of zei ik nee omdat mijn paard de dierenarts probeerde aan te vallen?

Een combinatie van allemaal waarschijnlijk maar in mijn ogen was voornamelijk de spanning die ik zelf had al voldoende om ervoor te zorgen dat het niet ging werken. Er bestaat in de paardenwereld een bekende uitspraak die ik heb ondervonden en waar ik fan van ben geworden, die ongeveer als volgt gaat;
Je paard kan slechts zo slim, dapper, kalm en atletisch zijn, als JIJ zelf bent.

Dit is zo waar, het had ook de titel van dit hoofdstuk kunnen zijn. Het punt is dat ik, in mijn pogingen om te blijven leren en delen, een manier moet zien te vinden om hiermee om te gaan, te vermijden dat dit vaker gebeurt, door controle te krijgen over mijn gedachten. Als het om wat voor reden dan ook toch nog een keer gebeurt, moet ik eerder een uitweg bedenken. De paarden en mijn opleiding hebben mij al geleerd, en blijven mij onderrichten, om mijn emoties onder controle te houden en het best mogelijke voorbeeld voor hen te zijn. Met de dieren van andere mensen gaat dit makkelijker omdat er dan een minder grote emotionele binding is. Ik heb tal van paarden geholpen om helemaal van hun naaldfobie af te komen.

Met Mia heb ik geleerd om te accepteren dat hier meer tijd voor nodig is. Ik kan en zal fouten maken, dus ik moet mezelf vergeven en doorgaan, eigenlijk wat paarden altijd doen. Dit is natuurlijk makkelijker gezegd dan gedaan en dit is de laatste uitdaging in ons leven samen, of niet. In het verleden is me vaak gevraagd of ik hulp wilde op de moeilijke momenten, zoals meer mensen om haar vast te houden, wat ik zoals je hopelijk begrijpt, onmiddellijk van de hand wees. Ik heb ook geprobeerd om haar door iemand anders dan ik te laten vasthouden; hierbij was haar reactie nog heftiger en het verzet nog groter. Ik heb voorbereiding op naalden met gebruikmaking van psychologie op minstens zes manieren geprobeerd, inclusief oude bewezen cowboy methoden. Uiteraard werkte dit allemaal, omdat ik degene was die het uitvoerde, maar als het op andere mensen aankomt, is het bijzonder moeilijk om hen precies dezelfde techniek te laten gebruiken, of de juiste houding te laten hebben en niet bang te zijn als zij hen intimideert. Dit is nogal wat om te vragen. Ik ben me er heel erg van bewust dat er andere manieren bestaan om zowel mezelf als Mia te helpen, die wij nog niet ontdekt hebben. Misschien krijgen we ooit, met hulp van iemand die we vertrouwen, de onderste steen boven, maar een valide tegenargument is dat ze nou eenmaal een vluchtdier is en in dit hele proces allerlei atletische bewegingen zal maken, waarvan er één misschien een te grote aanslag is op de oude breuk. Ik weet niet of dit het waard is.

Dit bijkomend traject in Mia haar reis heeft bijgedragen aan het ontstaan van dit hoofdstuk. Ik wilde dit delen omdat er honderden zo niet duizenden paardeneigenaren op de wereld zijn, die dezelfde soort problemen het hoofd moeten bieden. Ik hoop dat mensen zich door mijn ervaringen realiseren dat medicatie, hoewel niet altijd gezien als iets goeds, niet slecht hoeft te zijn, het hangt af van de situatie. Alles is de moeite waard om te proberen en met betrekking tot Mia deden we dat ook. Haar conditie, hoewel op dit moment niet levensbedreigend, zal uiteindelijk verslechteren en ik zal de situatie opnieuw beoordelen, als en wanneer dit zich voordoet. Nu zijn we voornamelijk heel erg dankbaar dat ze er nog is en blijven we onderkennen hoe gelukkig we ons mogen prijzen dat we deel uitmaken van haar leven. De professor die ze is, is ze nu niet alleen mijn leraar; ze is ook de jouwe. Haar sterkte, haar wilskracht en majestueuze energie moeten erkend worden en ondanks alle obstakels en uitdagingen die we voor onze kiezen kregen, twijfel ik niet aan één reden waarom Mia er nog steeds is en dat is het delen van kennis.

De afgelopen jaren zijn we bevoorrecht geweest en hebben we kunnen leren van de allerbeste paardenmensen die er nu zijn. Zij zijn zo toegewijd en hebben alles opgeofferd, inclusief hun privéleven, om de kennis van paarden te bestuderen en te onderrichten.

Het is dankzij hen en niet te vergeten diegenen die ons dagelijks omringen dat ik dit verhaal kan delen, want samen zijn we sterk, samen zijn we één, dit heet synergie.

> **Synergie:** twee of meer individuen, organisaties of andere partijen, die samenwerken omdat het effect van een samenwerking groter is dan elk van de samenwerkende partijen afzonderlijk zou kunnen bereiken.

HOOFDSTUK 10   Deel II

Het geschenk   Een persoonlijke conclusie, wees de leider in je leven

Gisteren is geschiedenis, morgen is een raadsel
en vandaag is een geschenk.

Als ik terugkijk, is dat met een gevoel van nostalgie, alsof het een grote droom was of de ervaring van iemand anders, niet van ons. Ondanks de problemen, het pesten, het trauma en het onbeschrijfelijke gevoel van marteling, weegt hoe we eruit zijn gekomen toch overal tegenop; ik zou niets willen veranderen want het heeft ons sterk gemaakt. De kwaliteit van ons beider leven is vandaag de dag waarschijnlijk beter dan ooit tevoren. Er is een klein groepje mensen in ons leven nu waar ik vertrouwen in heb dat zij goed voor haar kunnen zorgen als ik daar niet toe in staat ben en er zijn drie mensen die mij één dag per week vervangen. Als je herinneringen ophaalt aan ons verleden, dan is dit gegeven een geschenk op zichzelf, dat we dit zo kunnen doen. De meisjes zijn allemaal compleet anders van karakter en in ervaring en iedere ontmoeting die ze met Mia hebben, is simpelweg een weerspiegeling van wie ze die dag zijn. Ik heb bewondering voor hun empathie, vertrouwen en hun ontvakelijkheid voor zo'n grote verantwoordelijkheid. Ze accepteren Mia niet alleen voor wie ze is, maar ze staan ook toe dat Mia hen accepteert.

Mia heeft zeker weten haar grenzen, ze heeft haar eigen regels en daar blijft ze trouw aan. Dit maakt haar huid dik, haar hart sterk en haar wilskracht eindeloos. Tien jaar geleden, toen ik eindelijk mijn hart openstelde en begon te luisteren naar het hare, veranderde mijn hele leven en sindsdien blijft ze mij en de meisjes ontelbare dingen leren. Weet je, uiteindelijk gaat het niet om het paard, het gaat ook niet om de surfplank en de golven, de raceauto en de snelheid, de parachute en de sprong, de yoga en de meditatie, het goede doel en de vrijwilliger, de chirurg en zijn mes, de advocaat en zijn gewonnen zaak, het gaat om wie we worden als we iets doen waar we van houden, de drive en passie die we voelen als we ermee bezig zijn en het belangrijkste, wie we worden als we iets gedaan hebben dat er toe doet.

Rond augustus 2015 kreeg ik een zeurende en constante pijn laag in mijn rug. Vooral als ik opstond of als ik te lang in dezelfde houding zat. Erger nog was dat ik er ook last van had als ik paardreed. Hard op weg om veertig te worden, schonk ik er geen aandacht aan, ik dacht dat het bij ouder worden hoorde. Tegen de tijd dat het december werd, had ik serieus veel pijn en zocht ik eindelijk professionele hulp. Röntgenfoto's wezen uit dat ik spondylose had in lendenwervels L1 en L2. Dit is een soort artrose in de onderrug en de reden dat het zoveel pijn deed was omdat het extreem ontstoken was, waarschijnlijk door een trauma waar ik me niet van bewust was. Mij werd verteld dat wanneer ik mijn buik- en rugspieren sterker zou maken, tot gemiddeld atletisch, dit zou helpen om het dragelijk te maken en met een beetje geluk zou ik niet veel pijn meer ondervinden. Het negatieve nieuws was dat wanneer ik van een paard zou vallen of nog een keer trauma zou oplopen aan mijn onderrug, de pijn dan erger zou zijn en het herstel langer zou duren, als het al helemaal goed zou komen.

In mijn pogingen om sterker te worden, begon ik met zwemmen. Helaas verkrampte mijn rug middenin een schoolslag en resulteerde dat in een gescheurde spier in mijn rechter schouder. Ik bleef doorvechten en zag een tijdlang weinig vooruitgang. Hier kwam nog bij dat ik niet full time les kon geven, waardoor ik weer minder inkomen had. Ik kon niet met mijn paarden werken op de manier die ik wilde, waardoor mijn passie beperkt werd. Dingen als aan een bureau zitten met een computer of laptop waren bijna onmogelijk, dus dit boek dat ik begonnen was te schrijven, werd vertraagd. Het kostte vier maanden met

professionele hulp, hard werken en zelfmotivatie voordat er tekenen van verbetering zichtbaar werden. Zoals de dokter voorspeld had, kon ik weer langer staan en zonder noemenswaardige pijn. Ik kon weer op regelmatige basis werken en dingen doen met mijn eigen paarden. Het ging echter allemaal tergend traag en ik zag het tijdelijk niet meer zitten. Rond mei 2016 ging het in mijn hoofd weer bergafwaarts, naar de plek waar ik me niet goed voelde, eenzaam en waardeloos.
En toen gebeurde het, ik vroeg mezelf letterlijk hardop:
Waar ben je mee bezig en waarom ben je weer op dit punt aanbeland Zoe?

Met al mijn voorgaande ervaringen en de steun van mijn altijd liefhebbende echtgenoot, familie en beste vriendin uit Engeland, ging het al snel weer beter met me. Ik weet absoluut zeker dat het zonder paarden zoveel moeilijker zou zijn geweest. Zij hielpen me om het van me af te zetten, zij hielpen me iedere dag te realiseren dat ik, om het beste uit hen te halen, eerst het beste in mezelf moest vinden, zeker met Mia. Een paar keer in die periode, toen ik sterk genoeg was om met haar te werken, gedroeg ze zich op een manier die je niet coöperatief of ondeugend zou kunnen noemen. Ik voelde me niet goed en zag alleen het slechte van de situatie waardoor ik nog meer medelijden met mezelf kreeg. Het was even een zootje en hoewel het niet zo erg en uitgesproken werd zoals in het verleden het geval was, herinnerde ze me aan wie ze tien jaar geleden was, door rond te rennen als een kip zonder kop, tekenen te vertonen van een gebrek aan zelfvertrouwen en veel aandacht voor haar omgeving. Wat ze in feite deed, was mij laten zien wie ik vroeger was en wie ik nu was en dat was iemand die noch ik noch Mia wilde dat ik was. Zij spiegelde mij en ik moest dit veranderen.

Door de paarden weet ik wie ik ben nu.
Zij leven in het moment, niet in het verleden.
NIET in het verleden.

Toen ik voor het eerst overwoog om dit boek te schrijven, twijfelde en aarzelde ik maandenlang en stelde ik het net zolang uit tot ik mijn angst liet overheersen. Toen ik op een dag geen weerstand meer kon bieden aan de kriebel in mijn binnenste vroeg ik aan mezelf: *Waar ben je bang voor?*

Ik haalde mijn schouders op, schoof mijn ongerustheid terzijde, zette pen op papier en begon te schrijven. Ik hoefde mijn fantasie niet te gebruiken om dit verhaal te creëren, het was er al, het moeilijke was om te bedenken hoe ik het ging vertellen.
Eén van de eerste proeflezers die een regelmatige verzorgster van Mia is, schreef in haar notities:

"Ze veranderde haar 'kan ik niet' in 'kan' en haar droom in een plan!"

Dat is precies wat ik met dit boek wilde laten zien; een verhaal over dromen, een verhaal over realiteiten, een verhaal over hoe je de leider in *JOUW* leven kunt zijn.

Ik weet nu dat het leven een grote les is en je kunt ervoor kiezen om het te omarmen of te negeren, ik omarm het.
Als ik de ene voet voor de andere zet, hard werk, oplossingen bied in plaats van te klagen, is mijn wereld al een stuk prettiger.
Als ik weiger om me door angst te laten weerhouden om dingen te doen, ben ik vrij.
Als ik toesta dat de mening van anderen mijn dromen laat wankelen, waaronder het schrijven van dit boek, heb ik geen controle over mijn leven.
Dit gezegd hebbende, moeten we grenzen hebben, anders kunnen we van onze paarden of kinderen ook niet verwachten dat zij ze hebben.
Net als bij mensen, zijn geen twee paarden gelijk en als we ze beter begrijpen, hoe ze denken, zich gedragen en zich voelen, kunnen we veel succesvoller met ze samen zijn. Daarom spoor ik iedereen die in ze geïnteresseerd is aan, om echt zoveel mogelijk

over ze te leren, want geloof me, zij weten alles al wat ze moeten weten over jou.

Op bezig zijn, gedij ik goed en daarom zal ik dat ook blijven doen. Ik houd ervan om me aan mijn beloftes te houden en mensen te informeren als dit niet lukt, ook als dit later is, dan mensen eigenlijk zouden willen. Ik houd ervan om te onderwijzen en te inspireren en mensen te helpen om de beste versie van zichzelf te zijn voor zichzelf, hun geliefden en hun paarden. Ik kan tegenwoordig met een gerust hart zeggen dat ik geen tijd wil verspillen aan kletspraatjes zonder doel, groepsdruk, jaloezie en grote ego's. Wat mensen over me zeggen of van me denken, is niet mijn zaak. Soms als de dingen niet meer in perspectief lijken te zijn of het leven neemt zijn natuurlijke loop van onbalans, mag ik ploeteren. Dit is hoe ik ben.

Leren om met de stroom mee te gaan, niet in te zitten over kleine zaken en blijven lachen als de dingen anders gaan dan ik zou willen, is voor iedereen moeilijk. Ik ben geen slachtoffer, ik ben gewoon wie ik ben en dat is goed genoeg.

Tenslotte kan ik melden dat Mia's gezondheid stabiel is en dat we nergens meer haast mee hebben. We hebben waarschijnlijk meer dan anderen geleerd dat een lichaam tijd nodig heeft om te helen en dat geldt ook voor gebroken botten. Ik beloof mijn best te doen voor haar, voor jou en vooral voor mezelf. Ik zal nooit pretenderen iets te kunnen wat ik niet kan, of pretenderen iets te zijn wat ik niet ben: *want weet je wat er gebeurt als ik dat zou doen?*

Mia, mijn (ons) idool zal de eerste zijn om dit aan ons te laten weten!

Idool: een persoon of ding dat bewonderd wordt, waarvan gehouden wordt en/of wat herinnerd wordt
– held, heldin, superster, icoon.

HOOFDSTUK 11

Dagboeken   Verslag van gebeurtenissen in het verleden

Aantekeningen uit dagboeken vanaf 2007, een bloemlezing van spontaan geselecteerde fragmenten.

5 oktober 2007
In nog geen half jaar is onze progressie echt enorm. Ik kan niet geloven hoeveel ik nu kan zien vergeleken met waarschijnlijk mijn hele leven hiervoor. Hoewel het mentaal zwaar kan zijn, is het positief. Ik moet vooruit blijven kijken. Als dingen niet goed gaan, is ze veel paard, maar deze momenten zijn zoveel korter, ze lijkt er *minder* tegenin te gaan. Ik ben vol verwachting. De toekomstige momenten zijn adem die we nog moeten halen en ik zal hard blijven werken om ervoor te zorgen dat het pure zuurstof wordt. Ik kan niet wachten!

5 februari 2008
Het concept van vooruitkijken in plaats van achterom, heeft zich in klinkende munt uitbetaald. We zijn zoveel grenzen overgegaan, van plaatsen waar ik nooit meer hoop terug te keren, maar als we dat wel doen, weet ik in ieder geval veel beter hoe ermee om te gaan. Haar zelfvertrouwen (en het mijne) blijft groeien. In situaties waar ze onzeker is, kan ik haar steeds beter helpen door haar drempels te erkennen en te respecteren of door verder te gaan en sneller dan ooit tevoren.

21 mei 2008
Druk geweest met de voorbereidingen van onze bruiloft, maar heb mijn best gedaan om Mia niet uit het oog te verliezen! De belangrijkste vooruitgang was niet blijven hangen in het verleden en verdergaan met het nieuwe. Alles wat we samen doen, gaat bijna vanzelf. Waar ik nu tegenaan loop bij onze sessies is hoe lang doorgaan en hoe snel stoppen. Ik begrijp dat hoe we de dag eindigen, bepaalt hoe morgen zal verlopen. Als we zo stabiel vooruit blijven gaan, zal ik (zullen we) voor altijd gelukkig zijn. Wat een reis tot nu toe, heel trots.

22 juli 2008
Weer dertig minuten samen niets gedaan, ik houd van deze momenten en zij klaarblijkelijk ook. Ze is zich echt gaan openstellen en ik ben vol bewondering voor haar suggesties. Wauw, gewoon WAUW!

6 augustus 2008
GROTE lessen vandaag – ik wilde te snel vooruit en heb wat dingen opgeofferd. Haar uitstraling is wat mat geworden, soms zelfs boos. Ik moet gas terugnemen en onze training opnieuw bekijken. Ik moet deze fouten herstellen. Verder zijn we een goed team aan het worden en ik ben zo ontzettend trots op alles. Er IS nog zoveel te leren, ik moet geduldig zijn. Ik moet mezelf ook vergeven als ik fouten maak en doorgaan. Ik weet zeker dat ze me hiermee blijft helpen, ik luister.

27 maart 2009
Geduld en volharding hebben zich weer uitbetaald. Ik herken ons niet meer, in positieve zin. Ik heb gemerkt dat mijn vertrouwen met rijden er nog niet helemaal is. Niet in dezelfde mate als met werken op de grond in ieder geval. Het verschil is dat het nu voelt alsof ze me aan het helpen is om dit te doen en zich gedraagt als een echte partner. Ik kan het bijna niet geloven. Ik

heb nieuw studiemateriaal om mee aan de slag te gaan, de timing is perfect. Ik hou van je Mia.

10 september 2009
Kreeg vandaag de mogelijkheid om weer te werken aan trailerladen. Aangezien ze nooit problemen had met laden als het haar eigen idee was, zag ik wel wat vragen als het mijn idee was, zeker wanneer ik ergens heen wil. Een paar oude gewoonten kwamen naar boven, zoals steigeren, maar ik hield vol. Ze laadt nu rechtdoor in draf en komt recht achterwaarts de trailer uit, en alleen als ik het vraag. Alle stukjes van deze puzzel vallen op hun plaats, en zijn logisch.

2 januari 2010
Ik ben zo opgewonden, ik ga naar de VS om aan een officiële cursus mee te doen. Ik ben ook zenuwachtig, Mia voelde dat duidelijk toen ik op haar reed vandaag, dus ik ben afgestapt en ben grondwerk gaan doen. Ik houd van de omgekeerde informatie die deze opleiding biedt, waarom blijven zitten als je brein je vertelt dat je af moet stappen. Waar traditie je voorschrijft dat je moet blijven zitten! Meestal gebeuren hier de ongelukken. Voorkomen is beter dan genezen en iedereen wint.

17 september 2010
Net terug uit de VS na drie intense maanden van training en ik ben nu officieel gekwalificeerd om les te geven. Er zijn geen woorden om mijn opwinding te beschrijven en wat de toekomst zal brengen. Ik geef de volle 100% en als dit niet genoeg is, weet ik zeker dat ik nog meer in mezelf kan vinden. Vooruit en naar de top!

7 juli 2011
Aangekomen in Engeland!! Wat een laaaaaaaaaaaaaaaaaaaaaaaaaaaaaaaaaaaaaaaaaange dag! Het zat me tegen met veel verkeer in België, Frankrijk en vervolgens ook nog rondom Londen. Ik denk wel vijf uur extra reistijd. Mia was een trooper, ze heeft niet één keer geklaagd. Het maakte me nerveus om haar alleen achter te laten op de boot, maar ik had geen keus. Zodra ik boven kwam, zocht ik een stoel en ging even slapen. Blij toe. Mama en papa even gezien toen we langs huis reden, voor een korte stop en wat te eten, het was leuk. Ik kijk uit naar de komende twee weken, weer thuis met Mia en leren direct bij de bron.

10 augustus 2011
Vandaag weer een drukke dag dus ik had een korte liberty sessie met Mia. Ik wist dat ik maar weinig tijd had dus hield mezelf voor dat ik moest doen alsof we de hele dag hadden en leefde in het moment om maar zo te zeggen. Had een paar hele goeie dingen, met goede energie en solide overgangen! Fantastisch ☺

14 november 2011
Voor de eerste keer op Mia met het nieuwe zadel WAUW! Ze voelde fantastisch, voorwaarts en ontspannen. Ik heb ongeveer 20 minuten gedraafd. Ze voelde zo comfortabel, ze wilde echt naar voren, ik denk dat het andere zadel ergens pijn heeft gedaan, want ze stopte met bewegen als ik stopte met rijden. We moesten even de tijd nemen om eraan te wennen en even opnieuw afstemmen!! Heel interessant!!

4 april 2012
Maar tien minuten gereden vandaag, ik vroeg om een verzamelde galop, ze blies me weg, wat een gevoel. Na 5-8 galopsprongen, stopte ik gewoon met rijden, ze stopte, ik gooide

de teugels op haar hals, sprong eraf en met een grote grijns... zei ik dat was het meisje DANK JE WEL XXX

30 juli 2012
Geweldige sessie vandaag!! Gestart met grondwerk om wat dingen te checken en daarna gereden. Ik probeer nu altijd te beginnen met een zo fijn mogelijke losse stap, draf en galop, totdat ze echt gaat ontspannen. De oren gaan niet meer naar achter bij de overgang van stap naar galop. Ik deed weer teveel en ze begreep de hulp niet helemaal. Opgelost ☺ Achterwaarts gaat beter en over een grotere afstand. Halthouden vanuit galop voelde vandaag ook goed, alles zonder de teugels te gebruiken. We eindigden met wat zijgangen en deden zelfs twee vliegende wissels. Ze had moeite te ontspannen na het werk, dus daar gaan we aan werken. Ik houd ervan, ik houd van haar.

20 november 2012
Ik kon haar energie voelen op het moment dat ik haar zag vandaag en het was zoveel dat ik besloot om haar mee te nemen naar een plek waar we al een tijdje niet geweest waren en heb met haar in de longeerkraal gewerkt. Ze had belachelijk veel energie, dus ik liet haar haar gang gaan totdat ze zover was om mijn ideeën te volgen. Ze had het enorm naar haar zin en moet zich beter gevoeld hebben na een goede galop. Op dit soort dagen laat ik het maar gewoon gaan, gek paard ☺

19 mei 2013
Had een heerlijke en ongedwongen rit in de duinen met een vriendin, ik mis deze dagen, zo jammer, we deden dit vroeger zo vaak. Mia was ontspannen en zacht, zelfs toen we de koeien zagen. Ze had er haar vraagtekens bij maar zo is ze nou eenmaal en het was binnen een paar seconden voorbij. Ik heb de teugels bijna niet gebruikt, dat is SUPER.

17 juni 2013
Vandaag is mijn hart in twee stukken gebroken, net als haar knie.
Ik kan nog niet geloven wat de dierenarts me verteld heeft. Hij
belt me morgen met een conclusie over welke mogelijkheden er
nog zijn. Ik hoop en bid dat dit niet betekent dat ik haar
kwijtraak, ik kan de gedachte niet verdragen.

2 augustus 2013
Soms schaam ik me voor het menselijk ras. Ik heb geen woorden
voor de kwelling door sommige mensen, ze zijn meedogenloos
in wat volgens mij een ambitie is om mij slecht te laten voelen of
alsof ik iets verkeerd doe. Ik ben op zoek naar een plek waar ze
naartoe kan na haar volgende controle. Ergens waar ze rustig kan
revalideren en we allebei tot rust kunnen komen.

3 maart 2014
Bij Mia geweest dit weekend en het gaat heel goed met haar. Eén
van de ezeltjes lijkt verliefd op haar geworden; ik kon de hartjes
bijna boven zijn hoofd zien vliegen.

2 november 2014
Ik kan nog maar moeilijk geloven dat ze weer thuis is en dingen
kan doen. De toekomst ziet er veelbelovend uit al heb ik er
vertrouwen in dat ik er klaar voor ben als er iets verandert. Ze is
zo sterk, ik moet ook sterk blijven.

1 december 2014
Ze voelt goed aan maar heeft soms moeite om haar
linkerschouder volledig te ontspannen. Zaterdag heb ik een
afspraak voor een massage staan dus dat moet antwoord geven
op de vragen ☺

6 februari 2015
Terugkijkend, dit is een paard dat wegrende voor mijn been als

ik haar reed, niet te vergeten dat ze er vandoor ging, bokte en schrok. Na het breken van twee benen ben ik zo dankbaar dat we kunnen doen wat we doen. Vandaag is een voorbeeld van waarom ik houd van wat ik doe en steeds meer wil leren. Ik vroeg om tien minuten links- en rechtsom draf met een losse teugel. Geen gedoe, mooi tempo, niet op de voorhand vallen en niet wegrennen, geestelijk of emotioneel.... Geweldig ☺

22 juni 2015
Vandaag was mijn doel om te rijden en te werken aan de dingen die beter moeten worden zodat we naar het volgende niveau kunnen en haar houding en gezondheid nog verder kunnen verbeteren. Heb een afspraak gemaakt met een osteopaat, het is tijd.

19 november 2015
Het was fijn om weer terug te zijn na een week in Egypte. Heb op Kheelen gereden en Mia aan de hand met ons meegenomen de duinen in. Ik houd van de natuur en de rust en vredigheid. De paarden werken goed samen zo. Het zette me aan het denken; misschien moet ik serieus nadenken over het schrijven van een boek over Mia's verhaal.

11 februari 2016
Nog steeds niet in staat om veel te doen door mijn rug en schouder! Heel erg teleurgesteld, ik voel me gehandicapt en begin me down te voelen. Moet een manier vinden om mezelf weer op te beuren, moet nieuwe plannen maken. Beide paarden gaan goed, dat is alles wat telt.

13 augustus 2016
Naar de VS volgende week, yipeeee! Het schema voor de verzorging van beide paarden is bijna rond en ik verheug me op

het samen met Jort weggaan. Ik heb besloten om ze allebei vakantie te geven tijdens mijn afwezigheid; dat verdienen ze allebei, zeker mijn oude kameraad, Mia.

HOOFDSTUK 12

The Equus   Een gedicht gewijd aan de Equus (Engels)

Choice and a destiny, something on their mind,
the usual resolution or a prisoner confined.
Snow, rain or thunder, shut in, cannot be outside,
trapped and frightened, or man whipping at their side.

Angelic and innocent, things not easily forgot,
comfortable living or their soul and mind left to rot.
Fear and mechanics, broke their beauty for many years,
if dare resist, only hit harder, confirming their fears.

A servant and companion for mankind all these centuries,
yet subject to relentless cruelty, like the land, sea and trees.
Stop, look and listen, what are they trying to say,
perhaps a simple promise of safety, comfort, food and play.

There are a special few, who listen to their souls,
understanding their nature as adults and young foals.
A promise of a language, both can try to understand,
no punishment required, a mutual respect of a command.

Time is all that is needed, to get things good and right,
or the same thing is done over and over, resulting in a fight.
Look at their ears, in their eyes, hear them breathe and sigh,
man has started to change their method and ask how and why.

They have survived the ice age, roamed our earth for so long,
a question of what we love about them, where did it all go wrong.
A chief would ride in full gallop, shooting arrows from their back,
how was this possible in the open prairie, no whip, spur or tack.

Caring for the young, not taken from their mother too soon,
in natures elements on the land, under the sun, stars and moon.
Some cowboys, they did their best, others sacrificed their health,
by selling their dignity and soul, to entertain their own wealth.

Calvary and order, corruption, war and theft,
a new rule, when training you must do everything on the left.
For years this was the law, the only way it should be done,
a chiefs prayer has been reborn, mother nature has won.

If possible, perhaps the horses would smile and be joyous,
man has found the old path to return their dignity, little fuss.
Majestic and innocent, yet so fragile our friend the equus,
a servant of the earth, a living being and a right to EQUAL US.

Zie ook de bij dit boek behorende website en sociale media
pagina voor foto's, video's en het laatste nieuws:

www.thehorsethatbroketwolegs.com
www.facebook.com/thehorsethatbroketwolegs

www.ingramcontent.com/pod-product-compliance
Lightning Source LLC
Chambersburg PA
CBHW031349040426
42444CB00005B/245